子产与春秋时期的政治转型

Zichan and Political Transformation during Spring and Autumn Period

刘晓东　著

中国社会科学出版社

图书在版编目（CIP）数据

子产与春秋时期的政治转型/刘晓东著. —北京：中国社会科学出版社，2024.3
ISBN 978 – 7 – 5227 – 3014 – 1

Ⅰ.①子⋯　Ⅱ.①刘⋯　Ⅲ.①子产（？–前522）—人物研究　Ⅳ.①K225

中国国家版本馆 CIP 数据核字（2024）第 035133 号

出 版 人	赵剑英
责任编辑	宋燕鹏
责任校对	李　硕
责任印制	李寡寡

出　　版	中国社会科学出版社
社　　址	北京鼓楼西大街甲 158 号
邮　　编	100720
网　　址	http://www.csspw.cn
发 行 部	010 – 84083685
门 市 部	010 – 84029450
经　　销	新华书店及其他书店
印　　刷	北京君升印刷有限公司
装　　订	廊坊市广阳区广增装订厂
版　　次	2024 年 3 月第 1 版
印　　次	2024 年 3 月第 1 次印刷
开　　本	710×1000　1/16
印　　张	11.25
字　　数	202 千字
定　　价	65.00 元

凡购买中国社会科学出版社图书，如有质量问题请与本社营销中心联系调换
电话：010 – 84083683
版权所有　侵权必究

国家社科基金后期资助项目
出 版 说 明

后期资助项目是国家社科基金设立的一类重要项目，旨在鼓励广大社科研究者潜心治学，支持基础研究多出优秀成果。它是经过严格评审，从接近完成的科研成果中遴选立项的。为扩大后期资助项目的影响，更好地推动学术发展，促进成果转化，全国哲学社会科学工作办公室按照"统一设计、统一标识、统一版式、形成系列"的总体要求，组织出版国家社科基金后期资助项目成果。

全国哲学社会科学工作办公室

目 录

摘　要 ……………………………………………………… (1)

绪　论 ……………………………………………………… (1)

第一章　先秦两汉文献的子产记述 ………………………… (16)
　第一节　《左传》的记述 …………………………………… (17)
　第二节　《史记》的记述 …………………………………… (27)
　第三节　诸子文献的记述 …………………………………… (44)

第二章　子产与郑国的世卿政治 …………………………… (54)
　第一节　穆族的兴起 ………………………………………… (56)
　第二节　从穆族到"七穆" ………………………………… (68)
　第三节　子产的从政 ………………………………………… (73)

第三章　子产与郑国的对外关系 …………………………… (97)
　第一节　为卿之前 …………………………………………… (99)
　第二节　为卿时期 ……………………………………………(102)
　第三节　执政时期 ……………………………………………(107)

第四章　子产与春秋时期的政治观念 ………………………(118)
　第一节　关于"礼"的探索 …………………………………(118)
　第二节　关于猛政的探索 ……………………………………(130)

第五章　子产历史的解读 ……………………………………(140)
　第一节　"族大宠多"的解读 ………………………………(140)

第二节 "水火之喻"的解读 …………………………………（149）

余　论 ……………………………………………………………（163）

参考文献 …………………………………………………………（167）

摘　　要

本书以子产历史为线索，探讨春秋时期的政治转型及相关历史认知。全书分为七部分，主要内容如下：

绪论，介绍子产研究与春秋政治转型研究的学术背景。主要内容有三：一是中国古代对子产相关历史的基本认识与理解；二是近代以来对子产相关历史的研究概况；三是对本书研究视角与方法的说明。

第一章，先秦两汉文献的子产记述。按文本类型，历代子产历史记述可分为三类：一是以《左传》为代表的先秦史书；二是以《史记》为代表的汉代史书；三是战国秦汉时期的诸子文献。前两种基本属于直接的历史记述，第三种既包含真实的历史成分，但也不乏传说与虚拟。本章比较分析三种文本的异同，探讨在子产与春秋政治转型史研究中史料运用的方式与方法。

第二章，子产与郑国的世卿政治。世卿政治是指春秋乃至战国时期，诸侯国中强势卿大夫集团执掌朝政的统治形式。在君主制盛行的中国古代，它被视为"礼坏乐崩"时期的"乱制"。作为春秋政治家楷模的子产，出身卿大夫家族，在郑国卿大夫家族集团的支持下为卿执政。对此，传统史学呈现出一种复杂矛盾的心态。他们一方面从原则上否定世卿政治，另一方面又对世卿政治的代表——子产倍加推崇。本章将子产置身于春秋历史发展的具体场景，在春秋政治转型的背景下，深入考察子产为卿执政的历程，以图揭示长期以来被传统史学偶像化的子产与被抽象否定的春秋世卿政治之间错综复杂的关系。

第三章，子产与郑国的对外关系。在传统史学研究中，春秋时期被视为王权式微、霸主崛起的时期，"齐桓、晋文之道"所代表的"大国（霸国）之道"是史学关注的焦点。相对而言，大国之外众多小国的生存之道往往鲜有专门研究。实际上，在中国早期国家发展史上，小国大量、长期的并存状态乃是国家存在的常态，而广土众民的王国式和帝国式国家，要到战国以后才成为发展的主流。在此之前，春秋时期的小国是从三代小国到战国区域性大国的过渡形态。它们不仅有作为弱者俯首称臣、首鼠两端的一面，还有在一定条件下积极谋求自身发展的另一面。作为春秋时期众多小国的一员，郑国史料比较丰富，在错综复杂的春秋诸侯国关系网中，郑国又是诸多矛盾的焦点之一。子产执政时期，郑国虽然仍为小国，相对于春秋早期，国势也明显衰落，却能在大国控制与威胁中左右逢源。以子产为代表的郑国统治集团周旋大国之间，折冲樽俎，在春秋诸侯国关系史上书写了浓墨重彩的一笔。本章以子产前后郑国对外关系的发展演变为中心，以小国视角考察春秋时期的诸侯国关系。

第四章，子产与春秋时期的政治观念。春秋时代是一个"礼坏乐崩"的时代，也是一个礼制再造的时代。子产以礼执政，在诸侯各国享有盛名。作为"有礼者"，子产被授予执政之职；作为"守礼者"，子产在霸主面前据"礼"力争，维护郑国的尊严与权益；作为"知礼者"，子产又常常能打破一些相沿既久的仪式。在这个"礼"与"政"的结合既被视为理所当然，但又已经在现实政治中走向分裂的时代，无论是子产对"礼"的掌握、还是他对"礼"的援用、抑或对"礼"的超越，都深深地体现了这个时代"礼"与"政"二者之间的微妙关系，深刻反映了春秋时期在"礼"中徘徊和寻求突破的"政"的走向。本章通过考察子产对"礼"的理解和运用，考察他对"礼""刑"关系的探索与实践，借以认识子产及春秋时期政治观念转型的关系。

第五章，子产历史的解读。作为传统历史认知的典型对象，古籍文献对子产的记述，既包括对其个人行迹与言论的直接记述，也包括对其行迹和思想的称述与解读。从某种意义上说，被称述的历史才是真正"活"着的历史。本章通过两个基本案例——"族大宠多"与"水火之喻"在解读，具体探讨子产历史如何被后世解读以及这些解读的历史影响。

余论。以历史哲学的视角勾勒人物与社会历史发展的关系，对本书采取的研究方法进行简要的反思。

绪　　论

历史总是和它所处时代的人物联结在一起。作为人物存在的客观基础，历史提供了人物赖以活动的条件和平台，而作为历史组成部分和主体，人物的行迹和言说展现了历史丰富的内涵。春秋之前，由于时代邈远和文献缺失，诸如尧、舜、禹、汤、文、武、周公和夏桀、殷纣之类数量有限的人物，常常以标签化、概念化甚至神化的方式存在于历史记述中，从历史学的视角研究人物并进而开展相关时代历史研究的条件可谓先天不足。春秋开始，中国历史迎来了有史记载的第一个伟大的转型期。随着文献记载日趋丰富，历史人物的事迹和形象日趋"鲜活"，人物研究开始涌入历史研究的视野。从春秋到战国，最为学者关注的人物莫过于春秋后期开始出现，战国时期普遍崛起的特殊群体——诸子百家，有关研究用汗牛充栋来形容实不为过。然而，诸子百家崛起之前，活跃于前台的各国执政者才是当时社会政治的焦点所在。子产就是这一群体的典型代表。

春秋历史上的子产是一个举足轻重的角色。推崇者认为"后半部《春秋》全赖此人（子产）生色"[1]，称赞他是"春秋第一人"[2]。作为体制内的执政者，子产有着不同于诸子百家的身份和责任，他既非坐而论道的思想家，也非超凡脱俗的隐者，其所作所为不能脱离其贵族出身以及作为执政者的特殊身份。如果将孔子、老子比作春秋思想领域的坐标，那么当时政治统治领域的坐标则非管仲、子产一辈莫属。如果说管仲是春秋前期政治的坐标，那么子产可谓春秋后期政治的坐标。同理，如果说研究大国之卿的管仲属于典型的大国视角，主要揭示大国图强称霸的历史，那么对子产从政历史的研究某种程度上就具有中小诸侯国视角的意味。由"礼乐征伐从诸侯出"到"礼乐征伐自大夫出"的权力更替过程中，子产

---

[1]（明）唐锡周《左传管窥》，转引自郑克堂《子产评传》，台湾商务印书馆有限公司1989年版，"叙例"。

[2]（清）王源：《文章练要左传评》，康熙居业堂刻本，卷七。

2 子产与春秋时期的政治转型

作为"礼乐自大夫出"重要代表之一,深度介入了春秋历史之变。放眼春秋历史,立国之初的郑国论国力也曾有"小伯(霸)"之实,彼时齐、秦等国不得望其项背。日后郑国衰弱,但与许、陈等国相比,实力仍不容小觑。研究以子产为中心的郑国历史,既可以揭示春秋霸政进入相持阶段后,大国如何维持霸权的历史,也揭示了同一时期中小诸侯国如何于夹缝之中争取生存空间的历史。研究春秋战国的历史转型,子产无疑是一个重要的切入点。

一 中国古代对子产相关历史的认识

中国古代知识界对春秋时代、对春秋时代之郑国的基本认识,与他们对子产的基本看法之间,呈现出颇有意味的悖离。孔子关于周王东迁以来的历史曾经有如下论断:

> 天下有道,则礼乐征伐自天子出;天下无道,则礼乐征伐自诸侯出。自诸侯出,盖十世希不失矣;自大夫出,五世希不失矣;陪臣执国命,三世希不失矣。天下有道,则政不在大夫;天下有道,则庶人不议。(《论语·季氏》)

孔子的历史研究,集中体现在对春秋时代的研究上。他还将这一认识倾注在《春秋》的编订上:

> 世衰道微,邪说暴行有作,臣弑其君者有之,子弑其父者有之,孔子惧,作《春秋》。《春秋》,天子之事也。是故孔子曰:"知我者其惟《春秋》乎!罪我者其惟《春秋》乎!"(《孟子·滕文公下》)

由于《春秋》的编订,西周至战国之间的这段历史获得了一个专有名称——"春秋"时代,体现《春秋》主旨的"春秋大义"遂成为儒家与中国古代社会认识春秋历史的基础。汉代刘向指出:

> 五伯之起,尊事周室。五伯之后,时君虽无德,人臣辅其君者,若郑之子产,晋之叔向,齐之晏婴,挟君辅政,以并立于中国,犹以义相支持,歌说以相感,聘觐以相交,期会以相一,盟誓以相救。天子之命,犹有所行。会享之国,犹有所耻。小国得有所依,百姓得有所息。故孔子曰:"能以礼让为国乎,何有?"周之流化,岂不大哉!

(《战国策·序》)

明清之际的顾炎武也曾强调春秋优于战国,认为春秋时期"尊礼重信""宗周王""严祭祀,重聘享""论宗姓氏族""宴会赋诗""赴告策书"等周人传统能得以坚守。① 尽管如此,中国古人对春秋政治变迁总体上还是抱持否定的态度,至近代前期余风犹存。例如,民国时期学者孙曜曾指出:

> 吾人习惯于郡县制者已二千余年,以往之载籍,又十九为尊古思想之结晶。故一提及三代,则冠冕雍容之幻想即现于脑际,提及春秋战国,即有王纲失坠之慨;一似从前圣王在位,与后来统一国家之形势无二者,此不及详查实际而梦想往古黄金时代之过。②

与否定春秋历史相一致的是,子产所在的郑国的发迹史也往往显得不那么光彩:

> 郑当幽王之世,王室未迁,遽兴寄帑之谋,攘取虢、桧之国而有其地,首乱天朝之疆索,郑诚周室之罪人矣。③

春秋初年,郑人侵夺周地,取成周之禾,公然停止祭祀泰山,甚至与周天子对抗,还与周天子交换人质。至于郑国民风好巫以及作为"淫声"的典型的"郑、卫之音"更被士君子所不齿。《论语·卫灵公》记载:"颜渊问'为邦'。子曰:'行夏之时,乘殷之辂,服周之冕,乐则《韶》《舞》。放郑声,远佞人;郑声淫,佞人殆。'"在春秋"礼坏乐崩"的过程中,郑国可谓始作俑者的典型。

然而,在春秋这个"倒退"时代,长期身为"乱制之国",郑国执政的代表——子产却获得了崇高的历史评价,被奉为春秋仁惠政治的楷模。孔子称赞子产"其行己也恭,其事上也敬,其养民也惠,其使民也义",故称其为"惠人"(《论语·宪问》)。《史记》等文献甚至记载,孔子曾

---

① (清)顾炎武撰,(清)黄汝成集释,栾保群点校:《日知录集释》,中华书局2020年版,第675页。
② 孙曜:《春秋时代之世族》,中华书局1931年版,第2页。
③ (清)顾栋高:《春秋大事表》,中华书局1993年版,第536页。

4　子产与春秋时期的政治转型

"兄事子产",其真实性虽然令人怀疑①,但孔子对子产的推崇却是不争的事实。当时有人称子产"不仁",孔子却认为子产既然能"不毁乡校",就不能说他不仁。听说子产去世,孔子竟至"出涕",盛赞他是"古之遗爱"②。

孔子对子产的看法确立了子产在后世主流意识中的"仁""惠"形象。东汉时期,班固试图提醒世人,春秋以来滥用刑罚的"偷薄之政"始于子产:

> 春秋之时,王道浸坏,教化不行,子产相郑而铸刑书。晋叔向非之……偷薄之政,自是滋矣。孔子伤之,曰:"导之以德,齐之以礼,有耻且格;导之以政,齐之以刑,民免而无耻。""礼乐不兴,则刑罚不中;刑罚不中,则民无所错手足。"③

可是这没有引起人们普遍的重视。其妹班昭补写《汉书·古今人表》,仍按照当时的通行观点将子产列入仅次于圣人的第二等人物——"仁人"。

三国时期,魏国的刘劭在其《人物志》中曾提出折中意见:

> 兼有三材④,三材皆微,其德足以率一国,其法足以正乡邑,其术足以权事宜,是谓器能,子产、西门豹是也。

这一观点在北魏时被拓跋(元)澄进一步发挥。《魏书》记载:

> 高祖诏澄曰:"昔郑子产铸刑书,而晋叔向非之。此二人皆是贤士,得失竟谁?"对曰:"郑国寡弱,摄于强邻,民情去就,非刑莫

---

① 《史记·孔子世家》:"孔子尝过郑,与子产如兄弟云。"《孔子家语·辨政》:"孔子曰:'夫子产于民为惠主,于学为博物;晏子于君为忠臣,而行为恭敏.故吾皆以兄事之,而加爱敬。'"据估计,子产年长孔子三十岁左右,"兄事"说不合情理。参见白寿彝《中国通史》,上海人民出版社1989年版,第3卷,第1066页。
② 王念孙注:"爱即仁也,谓子产之仁爱有古人之遗风。"见(清)王引之撰,钱文忠等整理,朱维铮审阅《经义述闻》,上海书店出版社2012年版,第30页。
③ (汉)班固:《汉书》,中华书局1962年标点本,第1093页。
④ "三材"是刘邵品评人物的术语,是"德行高妙,容止可法"的"清节之家","建法立制,强国富人"的"法家"以及"思通道化,策谋奇妙"的"术家"的统称。详参(三国魏)刘劭撰,王晓毅译注《人物志译注》,中华书局2019年版,第58页。

制,故铸刑书以示威。虽乖古式,合今权道,随时济世,子产为得。而叔向讥议,示不忘古,可与论道,未可语权。"①

权变说尽管逻辑上圆通,但仍不能打消长期以来消解子产猛政历史的惯性。元、明之际的赵汸说:"为政用猛,非君子之道,或因太叔所偏而矫之。"清代彭家屏强调,权宜之计并不意味着宽政有弊端:

> 盖因时因人事因地,酌量以取中,非谓行宽政之后必有流弊,而以猛政救之也。宽本无弊,宽而至于民慢,用宽者之过,不可以是诬先王之道为有弊也。②

他们强调,"宽猛相济"既非子产的主张,本质上也不是儒家本意。"宽""猛"二政形式上中庸平衡,但重心实际上还是"宽政"。宋代的陆九渊连这种平衡的形式上都不愿保留,认为:

> "宽猛(相济)"之说,古无有也,特出于《左氏》载子产告子太叔之辞,又有"宽以济猛,猛以济宽"之说,而托以为夫子之言。呜呼!是非孔子之言也。③

因此,我们看到,儒家对子产的主流认识在明清时期继续得以沿袭,甚至出现"后半部《春秋》全赖此人(子产)生色",子产为"春秋第一人"以及"子产之德过于管仲,即使是诸葛亮,也不过以管仲、乐毅自况,不敢比拟子产"等说法④。晚至清咸丰年间,著名学者俞樾奏请以子产从祀文庙⑤。由此来看,一种意识天长日久,可能不是意识服从史实,而是史实"屈从"意识。

总之,在古代中国,儒家意识左右着对人们对子产的认识与评价。他们将子产奉为"仁"者,是礼治与"宽政"的维护者。然而,史料显示,子产在其执政后期其实已经显露出以猛治国("猛政")的倾向,对刑罚和法律日趋重视。作为这一历史变迁的关注者,孔子一方面正面张扬子产

---

① (北齐)魏收:《魏书》,中华书局1974年标点本,第463页。
② [日]竹添光鸿:《左传会笺》,辽海出版社2008年版,第495页。
③ (宋)陆九渊著,钟哲点校:《陆九渊集》,中华书局1980年版,第356页。
④ 郑克堂:《子产评传》,台湾商务印书馆有限公司1989年版,"叙例"。
⑤ (清)俞樾:《奏定文庙祀典记》,载《俞樾集》卷五,清光绪二十五年刻春在堂全书本。

的仁人及实施"宽政"的形象,另一方面也用"宽猛相济"平衡子产的猛政思想。儒家后学沿袭了孔子的做法,日后论及子产,往往重点褒扬其"仁""惠",而对其猛政历史有意无意采取一种消解的态度。然而,子产推行猛政的历史毕竟有史料记载。面对主流意识和史料(史实)的矛盾,折中调和者认为子产以猛政治国是权宜之计。这是用儒家话语替子产开脱,但由于对子产猛政历史的消解已成惯性,许多学者宁可相信子产的宽政形象而不愿认可猛政的史实。关于那个时代政局演变的特点,孔子有所谓"礼乐征伐自大夫出"的著名论断。此后,学者对春秋史的评价,虽然也不无肯定意见,但充其量也不过是对春秋政治衰退速度的一种比较保守的估计。这样,中国传统史学在认识、评说子产及其所处时代的过程中表现出明显的矛盾:一方面整体上否定春秋政治,另一方面却对这种政治的执政代表——子产予以肯定。这一态度与学者所熟知的儒家对管仲的评价中褒贬俱备的态度形成鲜明对比。

二 近代以来对子产相关历史的研究

(一)关于春秋史的总体研究

近代专门的春秋史研究始于20世纪童书业的《春秋史》。关于此书,吕思勉曾评价道:"言春秋者,考索之精,去取之慎,盖未有逾此书者。"[①] 而童氏尚有《春秋左传研究》,对春秋时期的史事、制度以及文化都有精到的研究,被称为"治先秦史者必读之书"[②]。童书业认为,春秋历史具有四大特点:①种族的混合和中华民族的成立;②中国疆域的扩大;③统一局面的酝酿;④社会经济和学术思想的转变。[③] 国内几种影响较大的史学著述,如翦伯赞的《先秦史》、郭沫若主编的《中国史稿》、范文澜主编的《中国通史》大体持相同观点。[④] 晚近出版的顾德融、朱顺龙二人合著的《春秋史》综合上述观点,认为春秋历史具有七大特点:①已经进入铁器时代;②大国争霸;③宗族公社的瓦解;④中华民族已经形成;⑤政治制度大变革;⑥各阶级、阶层剧烈斗争和重新组合;⑦思想

---

① 童教英:《〈春秋史〉导读》,载童书业《春秋史》,上海古籍出版社2003年版,第4页。
② 赵光贤:《评童书业〈春秋左传研究〉》,《史学史研究》1982年第1期。
③ 童书业:《春秋史》,山东大学出版社1987年版,第236页。
④ 翦伯赞:《先秦史》,北京大学出版社1999年版,第290页;郭沫若:《中国史稿》,人民出版社1976年版,第293页;范文澜:《中国通史》,人民出版社1994年版,第105页。

文化急剧变化；⑧风俗礼仪大变迁。①

以上诸点认识可视为当前学术界对春秋历史的基本观点。而研究的主要问题又分为以下几类：

1. 政治制度与社会关系

概论春秋社会变迁的著述主要有林甘泉的《从出土文物看春秋战国间的社会变革》、许倬云的《古代中国的变迁》《春秋战国间的社会变动》、李瑞兰的《春秋战国时代的历史变迁》以及杨师群的《东周秦汉社会转型研究》等②。对春秋历史转型的方法论问题进行专门研究，以晁福林《试说转型期的社会形态与社会思潮———先秦史研究的一个视角》为代表③。春秋历史变迁的具体表现，其焦点有二：一是统治阶层从天子到诸侯的权力式微。这方面的著作早年以孙曜《春秋时代之世族》为较为著名，近年则有朱凤瀚《商周家族形态研究》、何怀宏《世袭社会及其解体——中国历史上的春秋时代》以及段志洪《周代卿大夫研究》等为代表④。二是对春秋国人、商人的研究。这个问题关注者更多，举凡讨论先秦历史社会的通论性著述多有论及，专门以此为题的论文亦复不少⑤。

春秋时期的政治制度、社会关系与西周、战国存在着承上启下的关系，因此对这方面的研究经常被包含在更大范围的周代历史或上古史研究的范围内。代表性的研究成果有谢维扬《周代家庭形态研究》、朱凤瀚《商周家族形态研究》、赵世超《周代国野制度研究》、钱杭《周代宗法制度史研究》、钱宗范《周代宗法制度研究———由宗法分封制形成的等级

---

① 顾德融、朱顺龙：《春秋史》，上海人民出版社2003年版，第21—25页。
② 林甘泉：《从出土文物看春秋战国间的社会变革》，《文物》1981年第5期；Xu, Zhuoyun, *Ancient China in Transition*: *Analysis of Social Mobility*, 722–222B.C, Stanford, Calif. StanfordUniversityPress, 1965（中译本《中国社会史论》2006年由广西师范大学出版社出版）；许倬云：《春秋战国间的社会变动》，《许倬云自选集》，上海教育出版社2002年版；李瑞兰：《春秋战国时代的历史变迁》，天津古籍出版社1994年版；杨师群：《东周秦汉社会转型研究》，上海古籍出版社2003年版。
③ 晁福林：《试说转型期的社会形态与社会思潮———先秦史研究的一个视角》，《河南大学学报（社会科学版）》2003年第4期。
④ 孙曜：《春秋时代之世族》，中华书局1931年版；朱凤瀚《商周家族形态研究》，天津古籍出版社2004年版；何怀宏：《世袭社会及其解体——中国历史上的春秋时代》，生活·读书·新知三联书店1996年版；段志洪：《周代卿大夫研究》，文津出版社1994年版。
⑤ 如日知《〈春秋〉经传中的"国人"——试论古代中国的原始民主制》（《东北师大学报》1981年第2期）、任常泰《西周春秋时期的"国人"》（《中国历史博物馆刊》1982年第4期）、吉本道雅《春秋国人考》（《日本中青年学者论中国史·上古秦汉卷》，上海古籍出版社1995年版）和崔大华《释"国人"》（《历史教学》1980年第2期）。

制度》、田昌武、臧知非合著《周秦社会结构研究》、赵伯雄的《周代国家形态研究》、赵俪生的《中国土地制度史》、袁林的《两周土地制度新论》以及徐祥民的《春秋法制研究》等①。

2. 政治思想

近代学者对中国古代政治思想的研究大多采取哲学史或思想史的范式。胡适《中国哲学史大纲》可谓近代中国哲学史研究的开山之作②。此后陆续出版的冯友兰《中国哲学史》《中国哲学史新编》③、侯外庐主编《中国思想通史》④、任继愈主编《中国哲学史》⑤ 等都对春秋时期的思想问题做过深入探讨。专门以政治思想为题的著作较少。早期代表作是梁启超《先秦政治思想史》⑥，该著虽开学术风气，但可惜内容过于扼要。比较详细的是20世纪80年代出版的刘泽华《先秦政治思想史》⑦。近年来学界关于中国上古思想研究的著述中影响较大的主要包括陈来《古代宗教与伦理——儒家思想的根源》《古代思想文化的世界》⑧ 以及葛兆光《中国思想史》（第一卷）⑨。三部著作都注意思想与其产生时代的关系，在剖析思想时注重对其时代背景进行介绍和分析。

春秋时期，"王官之学"正从衰败走向解体，而"百家争鸣"的局面尚未出现，这一时期的思想具有承前启后的特点。因此，把春秋时期的思想变动作为思想史的一个专门问题来研究，颇具学术意义。这一阶段具有

---

① 谢维扬：《周代家庭形态研究》，中国社会科学出版社1980年版；朱凤瀚的《商周家族形态研究》，天津古籍出版社1990年版；赵世超：《周代国野制度研究》，陕西人民出版社1991年版；赵伯雄：《周代国家形态研究》，湖南教育出版社1990年；钱杭：《周代宗法制度史研究》，学林出版社1991年版；钱宗范：《周代宗法制度研究———由宗法分封制形成的等级制度》，广西师范大学出版社1989年版；田昌武、臧知非：《周秦社会结构研究》，西北大学出版社1996年版；袁林：《两周土地制度新论》，东北师范大学出版社2000年版；徐祥民：《春秋法制研究》博士学位论文，山东大学，2000年。
② 此书出版时称为《中国哲学史大纲》（上卷），但下卷始终未出版。谢无量《中国哲学史》（上海中华书局1916年初版）出版时间虽然比胡著稍早，但学界评价不高，故常以胡著为近代中国哲学史研究专著之鼻祖。
③ 冯友兰：《中国哲学史》，神州国光社1931版；冯友兰：《中国哲学史新编》，人民出版社1964年版。
④ 侯外庐：《中国思想通史》，新知书店1947—1956年版。
⑤ 任继愈：《中国哲学史》，人民出版社1963年版。
⑥ 梁启超：《先秦政治思想史》（又名《中国圣哲之人生观及其政治哲学》），商务印书馆1923年版。
⑦ 刘泽华：《先秦政治思想史》，南开大学出版社1984年版。
⑧ 陈来：《古代宗教与伦理：儒家思想的根源》，生活·读书·新知三联书店1996年版；《古代思想文化的世界》，生活·读书·新知三联书店2002年版。
⑨ 葛兆光：《中国思想史》，复旦大学出版社1998年版。

若干倾向性的思想主要包括重民思想与怀疑天命鬼神的思想。鉴于春秋时期思想的总体表现，比如理性的精神、怀疑的态度，更接近诸子时代的风格，或许可以把这一阶段称作"前诸子"阶段。

3. 诸侯国关系

诸侯争霸问题一向是近代春秋政治变迁研究的重点，在这方面的代表著作有李唐《春秋五霸》、刘伯骥《春秋时代之会盟政治》、晁福林《霸权迭兴——春秋霸主论》、陈剩勇《诸侯争霸战争与春秋时期的社会变革》等①。重要论文有陈恩林《论春秋五伯争霸战略》、陈筱芳《论春秋霸主与诸侯的关系》等②。既注意研究争霸斗争本身，又注意争霸时期的国家关系，是近年此类研究的基本趋势。综合研究春秋时代诸侯国关系的著作有徐杰令《春秋邦交研究》③。

由于有《春秋》经和《左传》《国语》这两部堪称丰富翔实的早期历史著作，春秋时期的历史在从三代到战国的先秦史中轮廓相对清晰。而将上述文献资料整理并进行分类研究的工作，清代以来的考据学家建树颇丰。但是，这也因此意味着，沿袭清代以来以文献考证为主要手段的研究范式，很难在春秋史研究上取得突破。学者根据上述文献材料及清人对这些文献材料的整理，很容易"了解"春秋历史，形成一个关于春秋史的基本看法。不过，如果希望进一步深入探索春秋历史，仍然会面临文献不足征、史料缺乏的障碍。因此，近代以来的春秋史研究，仍然存在史料和研究方法上的局限。上述著作中，专门的春秋史研究论著实际上寥寥无几。日本学者高木智见对于春秋史研究状况曾有过这样一番评论：

> 在目前的春秋史研究中，存在着两个不利因素。其一，研究所赖以为据的只有《左传》与《国语》，史料显得先天不足。其二，论者易将春秋史纳入其前后的殷周史及战国、秦汉史展开论述，表现出一种视角上的外在性。由于这两个因素的存在，与上述各时代相比，有

---

① 李唐：《春秋五霸》，河洛图书出版社1978年版；刘伯骥：《春秋时代之会盟政治》，台湾中华丛书编审委员会1962年版；晁福林：《霸权迭兴——春秋霸主论》，生活·读书·新知三联书店1992年版；陈剩勇：《诸侯争霸战争与春秋时期的社会变革》，《浙江学刊》1986年第4期。

② 陈恩林：《论春秋五伯争霸战略》，《吉林大学社会科学学报》1995年第4期；陈筱芳：《论春秋霸主与诸侯的关系》，《西南民族学院学报》1995年第3期。

③ 徐杰令：《春秋邦交研究》，中国社会科学出版社2004年版。

关春秋史的研究不仅数量少，内容也不尽深入，因此当前迫切需要解决的课题，首先是在尽可能的范围内明确春秋时代的固有事物，然后再将其纳入时代背景中加以理解。毋庸赘言，这也是历史学研究的一个最基本的原则。①

概言之，春秋史研究长期以来多附从于周代历史或者更大范围的先秦史研究，即如高木氏所说的，表现出了一种"视角上的外在性"，直至今日其独立性仍不明显。这种外在的视角固然有助于我们认识春秋时期的历史地位和历史作用，但对于探索春秋历史的特殊性而言，这种视角即便没有构成障碍，至少也显得相当疏远。历史研究既需要有置身事外的客观与宏观的考量，也需要有沉浸其中、设身处地的"同情"般的理解。而这方面的工作，目前仍比较欠缺。

（二）关于郑国史的研究

郑国是子产活动的历史主舞台，郑国历史是春秋历史的组成部分，研究郑国史是研究子产及其时代的重要基础。

近代郑国史研究在众多区域史研究中相对薄弱，至今鲜见郑国史研究专著正式出版。综合性论文，主要有晁福林《论郑国的政治发展及其历史特征》、② 苏勇《周代郑国史研究》③ 以及程浩《出土文献与郑国史新探》等④。专题研究主要集中于四个方向：一是关于郑国早期历史的研究。如松井嘉德《西周郑（奠）考》⑤、尚志儒《郑、棫林之故地及其源流探讨》⑥ 以及李峰《西周金文中的郑地和郑国东迁》⑦ 等。二是对郑国战略地位的研究。主要有张其昀《南北争衡的衢地——郑与陈蔡》⑧、宋杰《先秦战略地理研究》⑨ 等。三是对郑国"七穆"家族的研究。重要者有

---

① ［日］高木智见：《关于春秋时代的军礼》，《日本学者研究中国史论文集》，北京大学出版社1992年版，第131—169页。
② 晁福林：《论郑国的政治发展及其历史特征》，《南都学刊》1992年第3期。
③ 苏勇：《周代郑国史研究》博士学位论文，吉林大学，2010年。
④ 程浩：《出土文献与郑国史新探》博士后出站报告，清华大学，2017年。
⑤ ［日］松井嘉德：《西周郑（奠）考》，《日本中青年学者研究中国史论文集》，上海古籍出版社1995年版，第40—84页。
⑥ 尚志儒：《郑、棫林之故地及其源流探讨》，《古文字研究》第十三辑，中华书局1986年版，第438—450页。
⑦ 李峰：《西周金文中的郑地和郑国东迁》，《文物》2006年第9期。
⑧ 张其昀：《南北争衡的衢地——郑与陈蔡》，《中国一周》第598期，1961年10月。
⑨ 宋杰：《先秦战略地理研究》，首都师范大学出版社1999年版。

日本宇都木章《郑之七穆——以子产之立场为中心》①以及骆宾基的《郑之"七穆"考》等②。四是关于"郑声"的研究。"郑声"历来有"淫声"之名，孔子深恶痛绝之，但何谓"郑声"，淫在何处，古人却莫衷一是。近年有学者提出，"郑声"其实不是指《诗经》中的郑风以及与之相配的乐调，而是新乐、俗乐的代称。③也有学者指出，孔子所说的"郑声淫"不是指《诗经·郑风》内容淫靡，而是不指其音律过分新巧。④由"郑声"所反映的郑国社会风尚及其对春秋政治历史变迁的关系，也有待深入探讨。

郑国史方面值得关注的出土材料主要有三方面：一是1923年新郑李家楼春秋郑国墓葬"新郑彝器"的发现，其中包括被誉为"时代变革精神的象征"的国宝——"莲鹤方壶"⑤。从墓葬规模和随葬品的数量来看，只有诸侯才能与之相称。相关文献有《新郑出土古器图志》《新郑古器图录》《新郑彝器》以及《郑冢古器图考》。2001年，河南博物院与台湾"国立历史博物馆"合作整理并出版的《春秋郑公大墓青铜器图录》集"新郑彝器"大成⑥。二是20世纪50年代，在郑州碧沙岗发现的一批郑国墓群⑦。三是"郑韩故城"的考古发掘。郑国的国都在郑灭亡后成为韩国的国都，故有此名。1997年当地出土属于春秋时期郑国各种青铜器334件，2002年又发现一批郑国贵族墓地，包括18座陪葬车马坑和3000多座墓葬，其中埋葬有多位郑国国君。

随着考古发现与研究的进展，一批新的资料尚在整理之中。其中最为学界和媒体所关注的莫过于近年公布的"上博简"和"清华简"中涉及郑国历史的重要文本。《上海博物馆藏楚竹书〔柒〕》收录《郑子家丧》甲、乙本二本，简文记述楚、晋邲之战的原因与经过，涉及郑国子家弑君的历史，可与《左传》宣公四年的记载相对照。⑧"清华简"中涉及郑国

---

① 〔日〕宇都木章：《郑之七穆——以子产之立场为中心》，《中国古代史研究》3，吉川弘文馆，1969年版。
② 骆宾基：《郑之"七穆"考》，《文献》第21辑，书目文献出版社1985年版，。
③ 党万生：《"郑声淫"新论》，硕士学位论文，西北师范大学，2003年版。
④ 徐凤升等：《"郑声淫"新释》，《语文月刊》2003年第1期。
⑤ 郭沫若：《殷周青铜器铭文研究》，大东书局1937年版，第12页。
⑥ 河南博物院、台北"国立历史博物馆"：《新郑郑公大墓青铜器》，大象出版社2001年版。
⑦ 河南省文化局文物工作队第一队：《郑州碧沙岗发掘简报》，《文物参考资料》1956年第3期。
⑧ 马承源：《上海博物馆藏楚竹书〔柒〕》，上海古籍出版社2008年版，第171页。除释文考证外，历史研究类论文主要有李天虹《竹书〈郑子家丧〉所涉历史事件综析》（《出土文献》第1辑，中西书局2010年版）、小寺敦《博楚简〈郑子家丧〉的史料性格：结合小仓芳彦之学说》（《出土文献》第2辑，中西书局2011年版）和冯时《〈郑子家丧〉与〈铎氏微〉》（《考古》2012年第2期）等3篇。

的史料包括其中的《良臣》(《清华大学藏战国竹简[叁]》)、《郑武夫人规孺子》《郑文公问太伯》(甲、乙本)以及《子产》(《清华大学藏战国竹简[陆]》)等篇。其中《良臣》"记载黄帝以至春秋著名君主的良臣","篇中特别突出子产,详记'子产之师''子产之辅',作者可能与郑有密切关系"①。《郑武夫人规孺子》可推定为"形成于春秋早期,今见本为战国史抄本","简文述春秋初叶郑武公去世至下葬前后,郑武夫人武姜等对嗣君庄公的规诫及庄公的表态",对了解春秋初年历史颇具史料价值。《郑文公问太伯》记载了"太伯临终时告诫郑文公的言辞","简文多可印证《左传》《国语》诸书记载,特别是桓公、武公和庄公前期处于两周之际,文献多阙,简文更可补充相关史事,具有较高史料价值"②。

(三) 关于子产的研究

本书研究的中心人物——子产,尽管与春秋历史关系密不可分,然而霸政是春秋政治重心所系,因而学者们所关注的问题更多的是大国图强称霸的历史,专门的子产研究反而未受重视。1935年出版的郑克堂《子产评传》基本属于资料汇编。较具学术性的研究要么附带地出现于相关的研究著作,要么以专门论文的形式出现,所关注的问题主要有以下几个方面:

1. 内政活动

子产的三项改革是近代学者关注的焦点。第一项改革是"使都鄙有章,上下有服,田有封洫,庐井有伍"。(《左传》襄公三十年)许多学者把它理解为对已经破坏的井田制进行整理③,有的则理解为国家对所有土地的全面控制与管理,标志着国家授田制的实施④。第二项改革是"作丘

---

① 李学勤:《清华大学藏战国竹简[叁]》,中西书局2012年版,第156页。
② 李学勤:《清华大学藏战国竹简[陆]》,中西书局2016年版,第103、118页。关于《郑武夫人规孺子》研究的主要有晁福林《谈清华简〈郑武夫人规孺子〉的史料价值》[《清华大学学报(哲学社会科学版)》2017年第3期]和侯瑞华《清华简〈郑武夫人规孺子〉集释与相关问题研究》(博士学位论文,浙江大学,2018年);关于《郑文公问太伯》,研究主要有3篇论文:马楠《清华简〈郑文公问太伯〉与郑国早期史事》(《文物》2016年第3期)、刘光《清华简〈郑文公问太伯〉所见郑国初年史事研究》(《山西档案》2016年第6期)和吴良宝《清华简〈郑文公问太伯〉"鄶"国补考》(《简帛》2017年第1期)。综合研究有代生《清华简(六)郑国史类文献初探》[《济南大学学报(社会科学版)》2018年第1期]。
③ 参见白寿彝主编《中国通史》(上海人民出版社1989年版,第4册,第1075页)。
④ 参见袁林《两周土地制度新论》(东北师范大学出版社2000年版,第207页),田昌武、臧知非《周秦社会结构研究》(西北大学出版社1996年版,第118页)。

赋"。学术界认为它是开始向"野人"征收军赋的标志①。第三项改革是"铸刑书"。杨鸿烈据此提出"子产是中国打破法律秘密主义的第一人"②。时至今日，多数专著与教材仍沿袭这一观点。反对者认为，中国成文法在子产"铸刑书"前即已出现，因此"铸刑书"并非公布成文法。孔庆明、俞荣根认为，子产"铸刑书"的性质并非公布成文法，而是试图确立"罪行法定"的原则③。也有学者折中两种意见，认为子产之前固然也存在成文法，但是一个成文法时代的普遍到来则与子产"铸刑书"密切相关④。一些学者虽然继续坚持铸刑书具有公布成文法的性质，但是反对与西方（主要是古罗马）成文法的公布简单类比，试图从更广阔的视野看待人类早期成文法公布的历史背景和社会基础⑤。与法制有关的问题还包括对子产杀邓析传说的研究。按照《左传》定公九年的记载，邓析死于驷歂之手，但是《荀子》《吕氏春秋》等多部文献声言子产杀邓析。以上三个方面的改革在春秋时期具有一定的普遍性，在春秋制度变迁的研究中普遍受到重视，但把三者结合起来的研究还不多。

2. 思想观念

近代子产思想研究存在两个明显倾向：一是将子产与战国法家相联系。子产执政后期的统治思想表现出为政以猛的倾向，这与法家"以刑（法）治国"的主张相似，所以自梁启超、郭沫若以来的许多学者多将子产归为早期法家。由于相似的理由，被尊为早期法家的还有管仲。然而，20世纪70年代，子产一度又被贴上儒家标签。⑥当然，当年的政治影射绝非学术研究，但它依托的学术观点，即子产并非"法治派"，而是"礼治派"，却并非空穴来风。从《左传》的记述来看，子产虽然倾向猛政，但是也不否定宽政。现代学者中，有人把它解释为"政治与思想之间的张力"⑦，有的解释为"折中妥协"⑧。二是用无神论来标称子产的思想。

---

① 杨伯峻：《春秋左传注》，中华书局1989年版，第783页。
② 杨鸿烈：《中国法律发达史》，商务印书馆1930年版，第50页。
③ 俞荣根：《儒家法思想通论》，广西人民出版社1998年版。
④ 张景贤：《商周法律是"秘而不宣"吗？——兼论成文法的公布不始于春秋》，《历史教学》1991年第2期。
⑤ 参见李峰《中国古代国家形态的变迁和成文法律形成的社会基础》，《华东政法大学学报》2016年第4期。
⑥ 参见"梁效"《评孔老二吹捧的子产——兼论春秋末期儒法斗争的阶级阵线》，《北京大学学报》1975年第1期。
⑦ 郑开：《子产：政治与思想之间的张力》，《原道》第六辑，贵州人民出版社2000年版，第180—196页。
⑧ 顾德融、朱顺龙：《春秋史》，上海人民出版社2003年版，第316页。

受近代科学思潮的影响，许多学者认为春秋战国时期出现过一次理性（无神论）思潮。子产所谓"天道远，人道迩"（《左传》昭公十八年）即其代表。我们觉得，在知识的意义上，子产是否具有无神论的倾向固然也需要探讨，但是归根到底，他对天命鬼神的看法是其政治观念的体现。离开这一点谈所谓的无神论或理性思潮，难以准确把握子产思想。作为政治家，子产思考的主要不是形而上的宇宙、人生问题或者逻辑方法，而是如何治国安邦。另外，虽然他不乏真知灼见，但是一无语录，二无著作，用"观念"这个词也许比"思想"更能反映子产政策及言论的特点。不但子产，春秋时期的多数政治家的"思想"似都应以"观念"来处理。这样的研究可能更贴近历史的本来面目。

3. 邦交活动

子产执政的时候，郑国虽然沦为弱国，但在强国争霸的国际斗争却还能维护自己的尊严与利益，甚至在争霸的间隙还伺机侵伐其他国家。这是郑国，尤其是子产从政时期引人注目之处。我们与其对子产的邦交业绩附加一些无谓的赞辞，不如深入错综复杂的春秋政治格局，厘清郑国的实际处境，或许在子产的外交素养之外可能观察到一些新的东西，因为，无论子产如何睿智，郑国如何左右逢源，其"国小而逼"的窘境难以根本改观。顾炎武曾言，"春秋犹重礼尊信"。周礼可以成为弱国维护自身利益的工具。"在相对弱小的国家中能够使礼成为捍卫国家之武器者，以郑国最为典型。郑国是大国称霸所争取的焦点，屡遭征讨，由此恪守礼仪并实行恰当的策略乃是郑国的立国之本。"① 从霸国的角度来看，礼乐也是笼络其他诸侯国的有力工具。郑国居于南北争霸的要衢，这既使它饱受战争之害，但也使它有可能在南北霸主之间（前期主要是齐、楚，后期主要是晋、楚）周旋而渔利。宋杰的《先秦战略地理研究》探讨了郑国自保的战略条件。

出土史料中直接与子产研究相关的主要是《清华大学藏战国竹简［陆］》公布的《子产》。整理者认为，此篇"是一篇传述子产道德修养和施政成绩的论说"，"说明子产作为重臣，如何'自胜立中'，做到'助上牧民'"，"努力向前辈贤哲学习，集合良臣作为'六辅'等政治作为。特别是篇中提到子产参照夏商周'三邦之令''三邦之刑'，制定了'郑令''野令'和'郑刑''野刑'，足以印证《左传》关于子产作刑书的

---

① 晁福林：《先秦社会形态研究》，北京师范大学出版社2003年版，第605页。

记载"①。除简文考释外，相关历史研究也正逐步展开②。

总体而言，近代学术界对子产及其历史的认识，既带有传统史学的烙印，也受到近代变革意识的影响，对子产的历史表现作出了一系列新的解读。在传统史学中，春秋时期"礼坏乐崩"，那是三代（尤其是西周）美好世界的历史倒退。近代以来，传统中国在西方坚船利炮的打击下溃败，面对"三千年未有之变局"，变革的氛围空前浓厚。在这种时代氛围和历史语境的深刻影响下，历史上的变革受到史学界的空前的重视。子产的内政措施一概地视为改革，其历史贡献不是对礼治的维护，反而是对它的否定。由于"以猛治国"的政策符合法家"以法（刑）治国"的主张，而法家又被视为先秦社会改革与进步的主角，因此近代学者又自然地将子产与战国法家的产生联系起来，奉他为法家的先驱。在一些具体问题的认识上，进而极力套用西方模式，如认为"铸刑书"是中国古代成文法公布的开端。另一个值得注意的倾向是将子产视为春秋无神论思潮的代表。子产虽然对天命鬼神有时有所怀疑，但其实有时却笃信不疑。这种"矛盾"是当时认识水平的真实体现，也符合当时的政治伦理，那就是无论是否信仰天命鬼神，统治者都应该以民之疾苦作为为政的基本着眼点，有德的统治者可能怀疑天命鬼神，他相信"民者，神之主也"，也可能虔诚地信仰天命鬼神。在天命鬼神问题上，子产的认识是传统认识的延续，并无明显的无神论的倾向。当然，子产的局限性不影响他作为春秋执政者的杰出代表。有神、无神只是表象，为政之道所显示的历史睿智才是关键之所在。

我们拥有研究子产及其时代的史料基础，但更重要的是，我们正处在一个重新审视历史的新时代。语境的深度变迁为我们重新认识子产及其时代提供了宝贵的契机。因此，重新研究子产及其时代不但是必要的，而且是可能的。

---

① 李学勤主编：《清华大学藏战国竹简［陆］》，中西书局2016年版，第136页。
② 相关历史类研究论文主要有4篇：王捷《清华简〈子产〉篇与"刑书"新析》，《上海师范大学学报（哲学社会科学版）》2017年第4期；王沛《子产铸刑书新考：以清华简〈子产〉为中心的研究》，《政法论坛》2018年第2期；刘光胜《德刑分途：春秋时期破解礼崩乐坏困局的不同路径——以清华简〈子产〉为中心的考察》，《孔子研究》2019年第1期；韩高年《子产生平、辞令及思想新探——以清华简〈子产〉〈良臣〉》，《中原文化研究》2019年第3期。

第一章 先秦两汉文献的子产记述

史料是历史研究的基础,然而,史料的来源和性质不同,其价值也不尽相同。对此,中国古代史家做出过许多精辟分析。如唐代刘知几将"为史之道"分为"书事记言"和"勒成删定"两个类别:

> 夫为史之道,其流有二。何者?书事记言,出自当时之简;勒成删定,归于后来之笔。然则当时草创者,资乎博闻实录,若董狐、南史是也。后来经始者,贵于隽识通才,若班固、陈寿是也。必论其事业,前后不同。然相须而成,其归一揆。①

清代章学诚将历史记述划分为"记注"和"撰述",强调"撰述欲其圆而神,记注欲其方以智也"②。《四库全书总目》的编撰者进而指出,历史书写存在"考证"和"撰述"的区分,"撰述欲其简,考证则欲其详。莫简于《春秋》,莫详于《左传》"③。因此,研究子产及其时代的历史,不仅需要对古代历史记述中的"书事记言""记注"和"考证"类史料进行鉴别,还要对"勒成删定"及"撰述"过程中折射出的历史真相进行必要的探究。

子产研究的史料主要来自传世文献,其来源主要有三:一是《左传》,篇幅占比最大,记载也比较连贯;二是《史记》,有一定篇幅,但也主要见于《郑世家》,信息总量不大,记述也不甚连贯,有些还与《左传》有所出入;三是先秦两汉时期的众多诸子文献,其中单部文献的记述一般只是片言只语,但涉及子书数量众多,记述形式多种多样。这些来源不同、表现各异的记述,共同构成了子产研究的史料基础,对认识子产

---

① (唐)刘知几著,浦启龙通释,王煦华整理:《史通通释》,上海古籍出版社2009年版,第301页。
② (清)章学诚:《文史通义校注》,中华书局1985年版,第49页。
③ (清)永瑢等:《四库全书总目》,中华书局1965年版,第397页。

及其时代的历史各有特定的史料价值。

第一节 《左传》的记述

在反映春秋史的主要文献中,对子产最详细的记述出自《左传》,《穀梁传》与《国语》只有零星涉及,《春秋》经及其《公羊传》根本未提及子产。从子产尚在"童子"之年的鲁襄公八年(前565年)开始,直到他去世前的鲁昭公二十年(前522年),在长达44年间的时间里,子产是《左传》中"出场"频次最高的人物。和对其他历史人物的失载或有限记载相比,《左传》的记述奠定了子产研究的主要史料基础。

一 子产的事迹

根据《左传》记载的内容,子产的事迹可划分为"为卿之前(出生—鲁襄公十九年)""为卿时期(鲁襄公十九年—鲁襄公三十年)"以及"执政时期(鲁襄公三十年—鲁昭公二十年)"三个阶段。

(一)为卿之前

这一阶段子产的事迹主要有三,一是他的"出场";二是应对"西宫之难";三是规劝子孔焚载书。

1. 子产的出场

子产在史书中的首次出现是在鲁襄公八年(前565):

> 郑子国、子耳侵蔡,获蔡司马公子燮。郑人皆喜,唯子产不顺,曰:"小国无文德,而有武功,祸莫大焉。楚人来讨,能勿从乎?从之,晋师必至。晋、楚伐郑,自今郑国不四五年弗得宁矣。"子国怒之曰:"尔何知!国有大命,而有正卿,童子言焉,将为戮矣!"(《左传》襄公八年)

在强国环伺下,子国与郑大夫子耳侵袭蔡国。对于这种冒险行为,身为弱国臣民,郑人不为自己的危险处境担忧,却侥幸于一时的胜利,而年轻的子产却能居安思危,显露出一定的政治早熟。后来,事态的发展也确如子产所料。楚人伐郑,讨其侵蔡,郑不得不向楚屈服,晋人因郑叛晋从楚也来讨伐郑国,夹在两强中间的郑国左右为难。

2. 应对"西宫之难"

子产为卿之前另一项突出事迹是他在"西宫之难"中的表现。鲁襄公十年，即公元前563年，郑国爆发"西宫之难"。执政大夫子驷、子国与子耳等遇害，郑简公被劫持。值此家国之难，子驷之子——子西惊惶失措，子产却能临危不惧，有条不紊地组织起私家武装，在子蟜与国人的协助下，一举平定了叛乱。

3. 规劝子孔焚载书

西宫之难后，子孔当国。他制作盟书，规定官员各守其位，听取执政的法令，大夫、官员与门子们不肯顺从，子孔就准备加以诛杀。子产以"众怒难犯，专欲难成"（《左传》襄公十年），劝子孔焚载书，稳定了郑国政局。

（二）为卿时期

推翻子孔的统治之后，子产被立为卿，从此正式进入郑国权力中心。主要事迹如下：

1. 应对晋人征朝

公元前551年，晋人命令郑国来朝见，郑人派子产回复晋国。他历数郑国"不朝之间，无岁不聘，无岁不从"的历史，不卑不亢地批评了晋国的做法（《左传》襄公二十二年）。面对子产的陈词，晋国虽为霸主，但无以反驳。

2. 争取晋国减轻贡赋

公元前549年，晋国由范宣子执政，诸侯国承担的贡赋十分沉重。子产利用郑伯朝见晋国的机会，致书范宣子，说明霸主之所以为霸，不在于所得贡赋的多寡，而在于是否有作为霸主的美德。如果剥削诸侯太甚，最终对霸主自身有害。范宣子被说服，非但没有责怪子产，还减轻了郑国的贡赋负担。

3. 率师伐陈

公元前548年，为报复陈国追随楚国侵袭郑国，子产与当国子展率师讨伐陈国，郑人取胜。身为胜利者，子产与郑国执政者处置陈国君臣时并未严酷报复，而是彬彬有礼。随后代表郑国向晋国献捷时，子产列举陈国历代罪责，晋人不能反驳。晋人又问何故"侵小"？子产反问，"今大国多数圻，若无侵小，何以焉？"晋人理屈词穷，问"何故戎服"？子产答以戎服辅王，原本旧职。晋人无话可说，只好接受事实。当年十月，子西又伐陈，也未见晋国干预。孔子评论说："晋为伯，郑入陈，非文辞不为功。慎辞也。"（《左传》襄公二十五年）讨伐陈国，子产是主要统帅之一。郑简公赏赐子产"次路再命之服，先六邑"。子产推辞说："自上以下，降杀以两，礼也。臣之位在四，且子展之功也，臣不敢及赏礼，请辞邑。"简公坚持要赏赐，子产只好接受三座城邑。

4. 利用秦、楚矛盾释放印堇父

公元前547年，楚、秦侵郑，囚禁郑大夫印堇父，郑人欲以货贿赎回印堇父。子产反对，认为秦国不会为了货贿而失好于楚，但是如果离间秦、楚关系，印堇父有放还的希望。郑人听从子产计策，结果秦人将印堇父放还。

5. 预言晋、楚即将媾和

公元前547年，许灵公乞求楚国伐郑。子产判断"晋、楚将平，诸侯将和，楚王是故昧于一来。不如使逞而归，乃易成也"。郑人听从子产的建议，在楚国进攻时并不防御，楚国果然略有所获便草草收场（《左传》襄公二十六年）。

6. 强调小国"事大"须谨慎

子产虽然善于利用诸侯矛盾为郑国谋求利益，但作为小国之卿仍不失谨慎。公元前545年，蔡侯两次路过郑国，都表现得不敬。子产认为，蔡侯"君小国而惰傲以为己心"，绝没有好下场。这一年，子产陪同简公到楚国朝见，在楚国郊外设帷宫后，并没有按照习俗积土为坛，以备接受楚国的郊劳。他认为，大国前往小国，作坛以昭其功，宣告后人，无怠于德；小国往大国也作坛却是昭示其祸端的举动（《左传》襄公二十八年）。

（三）执政时期

公元前543年，子产开始执政。其内政事迹主要如下：

1. 安抚大族

子产执政时，郑国政权由穆族集团掌控，其中良氏已经衰落，罕、驷、丰三族是穆族的核心。子皮为首的罕氏对子产给予大力支持，而驷氏、丰氏较为骄横。子产积极依靠罕氏，安抚驷氏与丰氏，保持了统治的稳定。为笼络丰氏，曾以邑贿赂公孙段；为安抚驷氏，当公孙黑与公孙楚争妻时，开始时明显袒护驷氏的公孙黑。子产的安抚政策不限于上述几家最显赫的家族，他还设法保护已经没落的孔氏和良氏（《左传》昭公七年、十六年）。

2. 知人善任

《左传》襄公三十一年记载：

> 子产之从政也，择能而使之：冯简子能断大事；子大叔美秀而

文,公孙挥能知四国之为,而辨于其大夫之族姓、班位、贵贱、能否,而又善为辞令。裨谌能谋,谋于野则获,谋于邑则否。郑国将有诸侯之事,子产乃问四国之为于子羽,且使多为辞令;与裨谌乘以适野,使谋可否;而告冯简子使断之。事成,乃授子大叔使行之,以应对宾客,是以鲜有败事。

由于子产知人善任,以他为首的郑国统治集团展现出卓越的统治力,对郑国政局稳定和发展产生了深远影响。

3. 不毁乡校

"国人"议政原本是贵族政治的固有传统,但在两周政治转型期,庶人议政参政的权力有被否定的趋势。与子产同时期而略晚,对子产统治理念推崇有加的孔子也认为"天下有道则庶人不议"(《论语·季氏》)。而子产对国人议政则持宽容态度:

郑人游于乡校,以论执政。然明谓子产曰:"毁乡校何如?"子产曰:"何为?夫人朝夕退而游焉,以议执政之善否。其所善者,吾则行之;其所恶者,吾则改之,是吾师也。若之何毁之?我闻忠善以损怨,不闻作威以防怨。岂不遽止?然犹防川。大决所犯,伤人必多,吾不克救也。不如小决使道,不如吾闻而药之也。"(《左传》襄公三十一年)

子产不毁乡校的做法受到孔子和后人的普遍赞扬,被视为先秦政治的一大美谈。

4. 重民事,轻鬼神

古人受认识能力的限制,迷信天道鬼神的现象十分普遍。子产认为,"天道远,人道迩"。作为统治者,他以民事为重,不迷信鬼神,反对为了防御火灾而用宝器禳灾(《左传》昭公十六年、十七年)以及用禜祭禳灾的做法(《左传》昭公十九年)。

5. 制度变革

第一项是"作封洫",大致为调整土地关系(《左传》襄公三十年)。第二项是"作丘赋",扩大军赋征收的范围。第三项是"铸刑书"(《左传》昭公六年)。关于其执政理念,子产去世前做了概括说明:

唯有德者能以宽服民,其次莫如猛。夫火烈,民望而畏之,故鲜死

焉;水懦弱,民狎而玩之,则多死焉,故宽难。(《左传》昭公二十年)

6. 折冲樽俎

在对外关系方面,子产施展其外交才能,有力维护了郑国的尊严与利益。郑国虽早已弱小,但晋、楚两霸不能奈其何。公元前542年,子产陪同郑简公访问晋国。晋平公以鲁襄公去世的缘故拒绝会见郑简公君臣,子产据理力争。公元前541年,楚国公子围访问郑国。子产既严密防范,又不失礼节,楚人未敢造次(《左传》昭公元年)。公元前529年,平丘之会。子产认为,按照周制,"天子班贡,轻重以列,列尊贡重"。而郑伯身为男爵,却要负担公侯等级的贡赋,所以应当减轻贡赋("承")。经过子产力争,使晋人不得不答应郑国的请求,减轻了郑国承担的贡赋(《左传》昭公十三年)。

子产执政结束于昭公二十年()前后,《左传》昭公二十年在记载了子产遗言后,说他"数月而卒",则子产大体上卒于鲁昭公二十年,至迟不晚于昭公二十一年初。

二 《左传》子产记述的特点

(一) 记述的频度

先秦文籍散佚严重,多数人物的事迹语焉不详。子产同时代的著名人物,如晋国的叔向、齐国的晏婴、吴国以及孔子,《左传》都着墨不多。而关于子产的记述,相对独立的记事就有60条之多(详见本章所附"《左传》所见子产事迹简编")。可以说,子产是春秋后期出场频次最高的人物。"后半部《春秋》全赖此人生色"①,固然主要是与子产的人格、事功有关,但是相对丰富的史料也是一个不可或缺的基础。

《左传》对子产的记述始于襄公八年,终于哀公十二年。其间史料的分布频度如下表:

表1-1 《左传》子产记述频度表

出处	次数	出处	次数	出处	次数	出处	次数
襄公八年	1	襄公二十七年	1	昭公四年	3	昭公十三年	1
襄公十年	1	襄公二十八年	2	昭公五年	1	昭公十六年	3

---

① 郑克堂:《子产评传》,台湾商务印书馆有限公司1989年版,第150页。

续表

出处	次数	出处	次数	出处	次数	出处	次数
襄公十五年	1	襄公二十九年	2	昭公六年	2	昭公十七年	1
襄公十九年	1	襄公三十年	4	昭公七年	3	昭公十八年	2
襄公二十二年	1	襄公三十一年	4	昭公九年	1	昭公十九年	2
襄公二十四年	1	昭公元年	6	昭公十年	2	昭公二十年	1
襄公二十五年	3	昭公二年	1	昭公十一年	1	昭公二十五年	1
襄公二十六年	3	昭公三年	1	昭公十二年	2	哀公十二年	1

由上表可知，《左传》对子产的记述表现出三个明显不同的时段：

一、从襄公八年到襄公十九年。这十一年间，只有 4 年有记事，且每年仅 1 次，每隔 3、4 才出现一次。这一段阶段子产年岁尚浅，没有真正登上郑国政坛，故而记事较少。

二、从襄公十九年到昭公二十年，是子产记述最集中的时段。前后 33 年间，总记事达 55 次。其中只有 3 年没有纪事，超过 1 次的年份共有 12 年，次数最多的是昭公元年，一年 6 次。这一时段是子产从政直至去世的时代，记事比较连续，内容较为丰富。

三、昭公二十年以后至哀公十二年间，只有 2 次纪事。当时子产已经去世，2 则纪事都属于追述。

从频度上来看，《左传》对子产的历史记述基本上是一种正态分布。与此相适应的是，《左传》对子产所在国家——郑国的记述也具有比较系统的特点。

（二）记述的意识

《左传》的子产记述内容丰富，是与编年体史书的体例特点不无关系。刘知几在《史通·二体》中指出：

> 夫《春秋》者，系日月而为次，列时岁以相续，中国外夷，同年共世，莫不备载其事，形于目前；理尽一言，语无重出。此其所以为长也。至于贤士贞女，高才俊德，事当冲要者，必盱衡而备言；迹在沈冥者，不枉道而详说……故论其细也，则纤芥无遗；语其粗也，则丘山是弃。此其所以为短也。

编年体史书以能够比较扼要地反映一个大时代的政治史面貌而见长。因此，那些"事当冲要"的历史人物就成为叙述的重点。作为"事当冲要"的代表，子产成为《左传》"盱衡而备言"①的对象。

试以子产为卿之前的经历为例。如上所述，这一时段的子产记述主要有三：一是子产的"出场"；二是子产参与平定"西宫之难"；三是劝诫当国子孔放弃专权。鲁襄公八年时，子产还很年轻，但是在《左传》作者的笔下，子产表现出少年难得的老成，准确预言郑国所面临的来自楚、晋两国的威胁。两年后，子产之父在"西宫之难"中遇害。这里的记载，没有失亲的悲痛，没有对死亡的恐惧，只见一位有胆有识的贵族子弟沉着迎战，一举平定叛乱。"西宫之难"后，子孔当国，制定载书，强令贵族遵守，而子产建议他焚书安众。子产从政之后，对外折冲樽俎，对内安邦定国。他临死前，谈论的也是治国之道。从某种意义上说，《左传》中的子产为政治而生，为政治而终。

《左传》以上对于子产的记述，尽管是目前所见最早的历史文献，但从史源学的角度看，它仍非"原始"文献。《左传》的史料来自诸侯各国的史官记述，如晋之《乘》、楚之《梼杌》、鲁之《春秋》等。有学者指出："《左氏》所见各国史书以郑国为最多、最全，自郑庄公至郑声公，皆叙事详实而时间清楚。"②清晰可靠的郑国史记述使得子产研究有了得以依托的历史背景，可谓"既见树木，又见森林"。如今虽然大多已经失传，但在战国秦汉时期的诸子著作以及《史记》中不同程度地有所保留，它们对子产研究也有重要的参考价值。

附：《左传》所见子产事迹简编

一　为卿之前

◎生年，不详。

◎565BC，鲁襄公八年，郑简公元年，子驷执政。

子国、子产侵蔡，获蔡公子燮，郑人皆喜，唯子产不顺，谓郑自今弗得宁矣。

◎563BC，鲁襄公十年，郑简公三年，子驷、子孔先后执政。

"盗"杀子驷、子国、子耳，子产攻盗。

---

① （唐）刘知几著；（清）浦起龙通释；王畹华整理：《史通通释》，上海古籍出版社2009年版，第24页。
② 王和：《〈左传〉的成书年代与编纂过程》，《中国史研究》2003年第4期。

子孔当国，为载书，子产劝其焚载书。
- ◎558BC，鲁襄公十五年，郑简公八年，子孔当国。
  郑西宫之难余盗在宋，郑人以子西、伯有、子产之故，纳贿于宋。宋归盗。

二 为卿时期

- ◎554BC，鲁襄公十九年，郑简公十二年，子展当国。
  郑杀子孔，子展当国，子西听政，子产为卿。
- ◎551BC，鲁襄公二十二年，郑简公十五年，子展当国。
  晋人征朝于郑，使少正公孙侨（子产）答对。
- ◎549BC，鲁襄公二十四年，郑简公十七年，子展当国。
  郑伯如晋，子产寓书范宣子，责其币重，宣子为郑轻币。
- ◎548BC，鲁襄公二十五年，郑简公十八年，子展当国。
  子展、子产帅师入陈。
  子产献捷于晋。
  子产问政于然明，及子大叔问政于子产。
- ◎547BC，鲁襄公二十六年，郑简公十九年，子展当国。
  郑伯赏入陈之功，子产辞让。
  请释印堇父于秦。
  楚伐郑，子产主张不御寇。
- ◎546BC，鲁襄公二十七年，郑简公二十年，子展当国。
  晋赵武过郑，郑伯享之。赵武请七子赋诗，子产赋《隰桑》。
- ◎545BC，鲁襄公二十八年，郑简公二十一年，子展当国。
  蔡侯过郑，不敬。子产预言蔡侯将"不免"。
  子产相郑伯入楚，舍不为坛。
- ◎544BC，鲁襄公二十九年，郑简公二十二年，子产、伯有先后当国。
  吴公子季札聘郑，见子产，言郑难将至，政必及子产，子产为政，当慎之以礼。
  裨谌预言子产将执政。

三 执政时期

- ◎543BC，鲁襄公三十年，郑简公二十三年，伯有、子皮先后当国，子产执政。

子产相郑伯如晋，答叔向问郑国政情，言驷、良之争。

子产如陈莅盟，归。谓陈亡国，不可与。

郑杀伯有，子产葬之。

子皮授子产政。

子产赂伯石邑，又任为卿。

使都鄙有章，上下有服，田有封洫，庐井有伍。大人忠俭者从而与之，泰侈者因而毙之。

子产不许丰卷田猎，丰卷欲攻子产，子产奔晋。子皮逐丰卷，而子产复之。

◎542BC，鲁襄公三十一年，郑简公二十四年。

子产相郑伯入晋，子产有辞，郑人厚礼郑伯。

子产从政，择能而使。

然明请毁乡校，子产不毁。

子皮论使尹何为邑，子产陈以利害，子皮以为忠。

◎541BC，鲁昭公元年，郑简公二十五年。

楚众逆女。子产令楚人垂橐而入。

子晳（公孙黑）、子南（公孙楚）争妻，子产数子南之罪而放之。

为子南乱故，郑伯及其大夫盟于公孙段氏，子产与众大夫盟于薰隧。

子产如晋，叔向问晋侯疾，子产谓出入饮食哀乐所致。

子产知楚公子围将行大事，与其合诸侯。

◎540BC，鲁昭公二年，郑简公二十六年。

子晳欲作乱，子产数其罪而诛之。

◎539BC，鲁昭公三年，郑简公二十七年。

子产相郑伯如楚。

◎538BC，鲁昭公四年，郑简公二十八年。

郑与诸侯会于申，子产献伯、子、男会公之礼六于楚。君子谓子产善相小国。

子产作丘赋，国人谤之，子产不为所动。

◎537BC，鲁昭公五年，郑简公二十九年。

子产相郑伯会晋侯于邢丘。

◎536BC，鲁昭公六年，郑简公三十年。

子产铸刑书。

楚公子弃疾如晋过郑，子皮、子产与子大叔劳之。

◎535BC，鲁昭公七年，郑简公三十一年。
　　子产聘晋。晋侯有疾，子产谓因晋未祀夏郊所致。晋侯有间，赐子产莒之二方鼎。
　　子产为丰施归州田于晋。
　　子产立公孙泄及良止。
　　与赵景子谈鬼。
◎533BC，鲁昭公九年，郑简公三十三年。
　　陈灾。裨谌谓子产，五年陈将复封，封五十二年而遂亡。
◎532BC，鲁昭公十年，郑简公三十四年。
　　裨谌谓子产，戊子，晋君将死。
　　晋平公卒，子皮如晋葬平公。
◎531BC，鲁昭公十一年，郑简公三十五年。
　　楚灭蔡，晋谋救之，子皮将行。子产曰，行不远，不能救也。
◎530BC，鲁昭公十二年，郑简公三十六年。
　　郑简公卒，将为葬除，子产不毁游氏庙，即司墓之室。
　　子产相郑定公朝晋。
◎529BC，鲁昭公十三年，郑定公元年。
　　晋合诸侯于平丘，子产相定公以会，争承。
　　子皮卒。
◎526BC，鲁昭公十六年，郑定公四年。
　　晋韩起聘郑，享之，孔张失位，客笑之，富子谏，子产不以为然。
　　韩起欲购郑商之环，子产不予。
　　郑大旱。郑大夫祭桑山，斩其木，不雨。子产护山林，夺之官邑。
◎525BC，鲁昭公十七年，郑定公五年。
　　有星孛于大辰，裨灶请禳火，子产弗许。
◎524BC，鲁昭公十八年，郑定公六年。
　　宋、卫、陈、郑皆火，子产率众救火。裨灶曰，不用吾言，郑又将火，子产不可，曰，灶焉知天道，不与，亦不复火。
◎523BC，鲁昭公十九年，郑定公七年。
　　对晋问立驷乞。
　　大水，龙斗。国人请禜，子产弗许。
◎522BC，鲁昭公二十年，郑定公八年。
　　楚太子建与晋谋袭郑，郑杀建。
　　子产有疾，告子大叔宽猛之道。

子产疾，数月而卒。

第二节 《史记》的记述

西汉以前的子产史料中，《史记》的篇幅仅次于《左传》，记事内容一般也可以在《左传》中找到对应的线索。因此，《史记》中关于子产的记述往往被视为直接源自《左传》。然而，二书对子产的记述关系并非想象的那么单纯。以下将《史记》与《左传》中的相关记载进行对照，主要目的有二：一是全面、准确地把握子产的生平事迹；二是了解汉初人们对子产的看法，通过《左传》《史记》子产记述上的差异，考察子产历史形象的演变。

一 子产的事迹

《史记》对子产的记述，根据其内容，大致可归结为13条。主要见于《郑世家》《循吏列传》《十二诸侯年表》等篇目。这些记述中的绝大多数均可在《左传》中找到对应的线索，但具体关系又复杂多样。

（一）杀子驷

《郑世家》：

> （简公）三年，相子驷欲自立为君，公子子孔使尉止杀相子驷而代之。子孔又欲自立。子产曰："子驷为不可，诛之，今又效之，是乱无时息也。"于是子孔从之而相郑简公。

《十二诸侯年表》又载：

> （简公二年）诛子驷。
> （简公三年）子孔作乱，子产攻之。

《左传》襄公十年[①]：

> 初，子驷与尉止有争……子驷为田洫，司氏、堵氏、侯氏、子师

[①] 《左传》记述篇幅一般较长，为简便见起，本书引用时有所省略。

氏皆丧田焉。故五族聚群不逞之人因公子之徒以作乱。于是子驷当国，子国为司马，子耳为司空，子孔为司徒。……杀子驷、子国、子耳，劫郑伯以如北宫。子孔知之，故不死……子产闻盗，为门者，庀群司，闭府库，慎闭藏，完守备，成列而后出，尸而攻盗于北宫，子蟜帅国人助之，杀尉止、子师仆，盗众尽死。侯晋奔晋，堵女父、司臣、尉翩、司齐奔宋。

子孔当国，为载书，以位序、听政辟。大夫、诸司、门子弗顺，将诛之。子产止之，请为之焚书。子孔不可，曰："为书以定国，众怒而焚之，是众为政也，国不亦难乎？"子产曰："众怒难犯，专欲无成，合二难以安国，危之道也。不如焚书以安众，子得所欲，众亦得安，不亦可乎？专欲无成，犯众兴祸，子必从之！"乃焚书于仓门之外，众而后定。

按：《史记》此处记载存在两处矛盾的地方：一是诛子驷的时间。《郑世家》为（郑）简公三年，《年表》则记为简公二年。二是子产对子孔的态度。《郑世家》所记为子产言语相劝，《年表》则为"子产攻之"。《史记》记载，子驷与子孔企图自立为国君，杀子驷是子孔所指使；子孔作乱，子产攻打子孔。《左传》中，二人虽然专权，但无企图自立为君的情节；子孔虽然因事先知道五族作乱的企图而免于一死，但诛杀子驷并非其指使，更无所谓作乱的事实，相反子孔倒是试图安定秩序。子产攻打的是作乱的五族，并不包括子孔。

（二）诛子孔及子产为卿

《郑世家》：

十二年，简公怒相子孔专国权，诛之，而以子产为卿。

《十二诸侯年表》：

（简公十二年）子产为卿。

《左传》襄公十九年：

郑子孔之为政也专，国人患之，乃讨西宫之难与纯门之师。子孔当罪，以其甲及子革、子良氏之甲守。甲辰，子展、子西率国人伐之，杀子孔，而分其室……郑人使子展当国，子西听政，立子产为卿。

按：子孔被诛和子产为卿在《史记》与《左传》中均有记载，但诛子孔的主角不同：《史记》中是简公，《左传》则是"郑人"，从原文看包括郑国上层卿大夫及一般国人。当然，叙事的篇幅也相差悬殊。

（三）子产辞邑
《郑世家》：

> （简公）十九年，简公如晋请卫君还，而封子产以六邑。子产让，受其三邑。

《左传》襄公二十六年：

> 郑伯赏入陈之功，三月甲寅朔，享子展，赐之先路三命之服，先八邑；赐子产次路再命之服，先六邑。子产辞邑，曰："自上以下，降杀以两，礼也。臣之位在四，且子展之功也，臣不敢及赏礼，请辞邑。"公固予之，乃受三邑。公孙挥曰："子产将知政矣。让不失礼。"

按：事件主干——郑伯赏子产邑基本相同。而赏赐的原因，《世家》没有说明，而《左传》明言"赏入陈之功"。

（四）季札来访
《郑世家》：

> （简公）二十二年，吴使延陵季子于郑，见子产如旧交，谓子产曰："郑之执政者侈，难将至，政将及子。子为政，必以礼；不然，郑将败。"子产厚遇季子。

《吴世家》：

> （季札）使于郑。见子产，如旧交。谓子产曰："郑之执政侈，难将至矣，政必及子。子为政，慎以礼。不然，郑国将败。"

《十二诸侯年表》：

> 吴季札谓子产曰："政将归子，子以礼，幸脱于厄矣。"

《左传》襄公二十九年：

> 聘于郑，见子产，如旧相识。与之缟带，子产献纻衣焉。谓子产曰："郑之执政侈，难将至矣，政必及子。子为政，慎之以礼。不然，郑国将败。"

按：《史记》三处记述与《左传》基本相同。

（五）或欲杀子产

《郑世家》：

> （简公）二十三年，诸公子争宠相杀，又欲杀子产。公子或谏曰："子产仁人，郑所以存者子产也，勿杀！"乃止。

《十二诸侯年表》：

> （简公二十三年），诸公子争宠相杀，[又欲杀]子产，子成止之。

《左传》襄公三十年：

> 郑伯有耆酒，为窟室，而夜饮酒，击钟焉。……子晳以驷氏之甲伐而焚之。伯有奔雍梁，醒而后知之。遂奔许。……辛丑，子产敛伯有氏之死者而殡之，……（伯有）自墓门之渎入，因马师颉介于襄库，以伐旧北门。驷带率国人以伐之。皆召子产。子产曰："兄弟而及此，吾从天所与。"伯有死于羊肆。子产襚之，枕之股而哭之，敛而殡诸伯有之臣在市侧者，既而葬诸斗城。子驷氏欲攻子产。子皮怒之，曰："礼，国之干也。杀有礼，祸莫大焉。"乃止。

按：按照《郑世家》的记载，郑国某位公子制止了诸公子杀死子产的企图，因而子产只是受害者，《年表》原本没有"又欲杀子产"，其含义很清楚，那就是，子产制止了诸公子争宠相杀的动乱，这里子产是一个平乱者。但中华书局的点校本《史记》为求一致，将《世家》中的"又欲杀子产"添入《年表》，从而使子产兼有受害者与平乱者的双重身份，实际上两处记载并不相同。《史记》事件的主体是"诸公子争宠相杀"，《左传》则是"郑人诛伯有"。前者凸现了郑简公的主体地位——公子争简公之宠；后者记述与君主无关。至于不杀子产的理由，前者是子产之仁，后者则是子产"有礼"，原本相差不大，可忽略不计。

（六）问晋平公疾

《郑世家》：

> （简公）二十五年，郑使子产于晋，问平公疾。平公曰："卜而曰实沈、台骀为祟，史官莫知，敢问？"
>
> 对曰："高辛氏有二子，长曰阏伯，季曰实沈，居旷林，不相能也，日操干戈以相征伐。后帝弗臧，迁阏伯于商丘，主辰，商人是因，故辰为商星。迁实沈于大夏，主参，唐人是因，服事夏、商，其季世曰唐叔虞。当武王邑姜方娠大叔，梦帝谓己：'余命而子曰虞，乃与之唐，属之参而蕃育其子孙。'及生有文在其掌曰'虞'，遂以命之。及成王灭唐而国大叔焉。故参为晋星。由是观之，则实沈，参神也。昔金天氏有裔子曰昧，为玄冥师，生允格、台骀。台骀能业其官，宣汾、洮，障大泽，以处太原。帝用嘉之，国之汾川。沈、姒、蓐、黄实守其祀。今晋主汾川而灭之。由是观之，则台骀，汾、洮神也。然是二者不害君身。山川之神，则水旱之菑荣之；日月星辰之神，则雪霜风雨不时荣之；若君疾，饮食哀乐女色所生也。"
>
> 平公及叔向曰："善，博物君子也！"厚为之礼于子产。

《左传》昭公元年：

> 晋侯有疾，郑伯使公孙侨如晋聘，且问疾。叔向问焉，曰："寡君之疾病，卜人曰：'实沈、台骀为祟'，史莫之知。敢问此何神也？"
>
> 子产曰："昔高辛氏有二子，伯曰阏伯，季曰实沈，居于旷林，不相能也，日寻干戈，以相征讨。后帝不臧，迁阏伯于商丘，主辰。商人是因，故辰为商星。迁实沈于大夏，主参，唐人是因，以服事夏、商。其季世曰唐叔虞。当武王邑姜方震大叔，梦天谓己：'余命

而子曰虞，将与之唐，属诸参，而蕃育其子孙。'及生，有文在其手曰'虞'，遂以命之。及成王灭唐，而封大叔焉，故参为晋星。由是观之，则实沈，参神也。昔金天氏有裔子曰昧，为玄冥师，生允格、台骀。台骀能业其官，宣汾、洮，障大泽，以处大原。帝用嘉之，封诸汾川，沉、姒、蓐、黄，实守其祀。今晋主汾而灭之矣。由是观之，则台骀，汾神也。抑此二者，不及君身。山川之神，则水旱疠疫之灾于是乎禜之；日月星辰之神，则雪霜风雨之不时，于是乎禜之。

若君身，则亦出入、饮食、哀乐之事也，山川、星辰之神又何为焉？侨闻之，君子有四时：朝以听政，昼以访问，夕以修令，夜以安身。于是乎节宣其气，勿使有所壅闭湫底以露其体，兹心不爽，而昏乱百度。今无乃壹之，则生疾矣。侨又闻之，内官不及同姓，其生不殖。美先尽矣，则相生疾，君子是以恶之。故志曰：'买妾不知其姓，则卜之。'违此二者，古之所慎也。男女辨姓，礼之大司也。今君内实有四姬焉，其无乃是也乎？若由是二者，弗可为也矣。四姬有省犹可，无则必生疾矣。"

叔向曰："善哉！肸未之闻也，此皆然矣。"叔向出，行人挥送之。叔向问郑故焉，且问子皙。对曰："其与几何！无礼而好陵人，怙富而卑其上，弗能久矣。"晋侯闻子产之言，曰："博物君子也。"重贿之。

按：以上问对双方，《世家》是平公与子产，而《左传》则是叔向与子产，之后叔向向平公转达。晋平公的病因，《史记》笼统地记为"饮食哀乐女色"，而《左传》则详细解释。

（七）子产相君朝楚
《郑世家》：

（简公）二十七年夏，郑简公朝晋。冬，畏楚灵王之强，又朝楚，子产从。

《左传》昭公三年：

十月，郑伯如楚，子产相。楚子享之，赋《吉日》。既享，子产乃具田备，王以田江南之梦。

按：叙事无冲突，侧重点不同。《郑世家》解释了朝楚的原因，而《左传》记录了朝楚的细节。

（八）申之盟

《郑世家》：

（简公）二十八年，郑君病，使子产会诸侯，与楚灵王盟于申，诛齐庆封。

《年表》：

（二十八年）子产曰："三国不会。"

《春秋》昭公四年：

楚子、蔡侯、陈侯、郑伯、许男、徐子、滕子、顿子、沈子、小邾子、宋世子佐、淮夷会于申。

《左传》昭公四年：

四年春……（楚灵王）使椒举如晋求诸侯……楚子问于子产曰："晋其许我诸侯乎？"对曰："许君。晋君少安，不在诸侯。其大夫多求，莫匡其君。在宋之盟又曰如一。若不许君，将焉用之？"王曰："诸侯其来乎？"对曰："必来。从宋之盟，承君之欢，不畏大国，何故不来？不来者，其鲁、卫、曹、邾乎！曹畏宋，邾畏鲁，鲁、卫偪于齐而亲于晋，唯是不来。其余，君之所及也，谁敢不至？"王曰："然则吾所求者无不可乎？"对曰："求逞于人，不可；与人同欲，尽济。"……

夏，诸侯如楚，……郑伯先待于申……王使问礼于左师与子产……子产曰："小国共职，敢不荐守？"献伯子男会公之礼六。君子谓……子产善相小国。……秋七月，楚子以诸侯伐吴，宋大子、郑伯先归，宋华费遂、郑大夫从。使屈申围朱方，八月甲申，克之，执齐庆封而尽灭其族。

按：从《史记》看，郑君因病不能参加申地的盟会，子产代郑君出席；但从《左传》看，郑君实际参加了申地的会见（无"盟"），只是后来郑伯先行返回，其原因不明；此后，子产是否代替郑君参加伐吴、诛庆封等活动，《左传》的记述比较含糊，只说"郑大夫从"。反过来说，《左传》中"君子"所谓子产"善相小国"的评价在《史记》中没有对应的记述。班固撰写《汉书》时，《左传》已经立于学官，子产"善相小国"的故事可能广泛流传。因此，《史记》虽然也有《东方朔传》，但是东方朔戏言以子产为郡守（相当于"小国之相"）的故事却不见于《史记》，而见于《汉书·东方朔传》。

（九）子产谓韩宣子

《郑世家》：

> （郑定公）四年，晋昭公卒，其六卿强，公室卑。子产谓韩宣子曰："为政必以德，毋忘所以立。"

《左传》昭公十六年：

> （鲁昭）公至自晋，子服昭伯语季平子曰："晋之公室其将遂卑矣。君幼弱，六卿强而奢傲，将因是而习，习实为长，能无卑乎！"平子曰："尔幼，恶识国？"秋八月，晋昭公卒。

按：严格地讲，二者并不对应。《左传》中"其（晋）六卿强，公室卑"属于鲁国人子服昭伯的谈话，《郑世家》中则成了作者自己的陈述。《史记》中子产所说的"为政必以德，毋忘所以立"不见于《左传》。

（一〇）子产不禳火灾

《郑世家》：

> （郑定公）六年，郑火，公欲禳之。子产曰："不如修德。"

《十二诸侯年表》：

> （定公五年）火，欲禳之，子产曰："不如修德"；（定公六年）火。

《左传》昭公十八年：

> 夏五月……宋、卫、陈、郑皆火……裨灶曰："不用吾言，郑又将火。"郑人请用之，子产不可。子大叔曰："宝以保民也，若有火，国几亡。可以救亡，子何爱焉？"子产曰："天道远，人道迩，非所及也，何以知之？灶焉知天道？是亦多言矣，岂不或信？"遂不与。亦不复火……火作……明日，使野司寇各保其征，郊人助祝史，除于国北，禳火于玄冥、回禄，祈于四墉……七月，郑子产为火故，大为社，祓禳于四方，振除火灾，礼也。乃简兵大蒐，将为蒐除。

按：郑国发生火灾，但关于禳灾的争论二者所记基本不同。《郑世家》以为郑定公欲禳灾，子产反对，且有修德之谏。《左传》所记比较复杂，子产先是怀疑裨灶知晓天道的能力，后来却又禳灾，而且开始时要求禳灾的是裨灶及"郑人"，并不见是定公的意见。禳灾之争又见于《谷梁传·昭公十八年》，其文为："夏五月，壬午，宋、陈郑灾。……人有谓郑子产曰：'某日有灾。'子产曰：'天者神，子恶知之？'是人也。同日为四国灾也。"《谷梁传》所记情节与《左传》基本一致。

（一）子产杀楚太子

《郑世家》：

> （定公）八年，楚太子建来奔。十年，太子建与晋谋袭郑。郑杀建，建子胜奔吴。

《伍子胥列传》：

> 伍胥……与太子建俱奔于郑。郑人甚善之．太子建又适晋，晋顷公曰："太子既善郑，郑信太子。太子能为我内应，而我攻其外，灭郑必矣。灭郑而封太子。"太子乃还郑。事未会，会自私欲杀其从者，从者知其谋，乃告之于郑。郑定公与子产诛杀太子建。

《左传》哀公十六年：

> 楚太子建遇谗也，自城父奔宋。又辟华氏之乱于郑。郑人甚善之。又适晋，与晋人谋袭郑，乃求复焉。郑人复之如初，晋人是谍于

子木（即楚太子建），请行而期焉。子木暴虐于私邑，邑人诉之。郑人省之，得晋谍焉，遂杀子木。

按：《郑世家》虽然笼统地说，"郑杀建"，但杀死他国太子，其国君（郑定公）与执政（子产）难逃干系，与《伍子胥列传》及《左传》的记述大体一致。

（一二）子产卒

《郑世家》：

声公五年，郑相子产卒，郑人皆哭泣，悲之如亡亲戚。子产者，郑成公少子也。为人仁爱人，事君忠厚。孔子尝过郑，与子产如兄弟云。及闻子产死，孔子为泣曰："古之遗爱也！"

《十二诸侯年表》：

（郑声公五年）子产卒。

《循吏列传》：

（子产）治郑二十六年而死。

《左传》昭公二十年：

郑子产有疾，谓子大叔曰："我死，子必为政。唯有德者能以宽服民，其次莫如猛。夫火烈，民望而畏之，故鲜死焉；水懦弱，民狎而玩之，则多死焉，故宽难。"疾数月而卒。

大叔为政，不忍猛而宽。郑国多盗，取（聚）人于萑苻之泽。大叔悔之，曰："吾早从夫子，不及此。"兴徒兵以攻萑苻之盗，尽杀之，盗少止。

仲尼曰："善哉！政宽则民慢，慢则纠之以猛。猛则民残，残则施之以宽。宽以济猛，猛以济宽，政是以和。诗曰：'民亦劳止，汔可小康；惠此中国，以绥四方'，施之以宽也。'毋从诡随，以谨无良；式遏寇虐，惨不畏明'，纠之以猛也。'柔远能迩，以定我王'，平之以和也。又曰'不竞不絿，不刚不柔，布政优优，百禄是遒',和之至也。"及子产卒,仲尼闻之,出涕曰:"古之遗爱也。"

按:子产去世的时间,《郑世家》以及《年表》均以为在郑声公五年（鲁定公十四年,前496）。《循吏列传》虽然没有给出明确的时间,但是说子产"治郑二十六年而死"。由此上推,子产开始治郑当在公元前522年,即郑定公八年,或鲁昭公二十年。而按照《世家》与《年表》的记载,子产为卿始于公元前544年；公元前522年之后便无事可记。治郑二十六年又从何谈起？可见《史记》的时间有出入。而《左传》与子产卒年的记述——鲁昭公二十年（前522）正好比《郑世家》《年表》的记载也相差二十六年。另外,《循吏列传》的子产是"郑成公少子"以及"孔子尝过郑,与子产如兄弟云"均不见于《左传》。鲁襄公八年（前565）,子产首次出现在《左传》中,当时的他已经能够准确地判断国际形势,提出过人的政见。而此年之后,又过了十四年,孔子才出生（孔子生于鲁襄公二十三年,前551）。而当时的子产不但不可能刚出生,而且不可能是一个年幼无知的儿童。由此推算子产与孔子的年龄差距至少在三十岁。孔子何以"兄事"之？

（一三）循吏子产

《史记·循吏列传》：

> 太史公曰："法令所以导民也,刑罚所以禁奸也。文武不备,良民惧然身修者,官未曾乱也。奉职循理,亦可以为治,何必威严哉？"……
>
> 子产者,郑之列大夫也。郑昭君之时,以所爱徐挚为相,国乱,上下不亲,父子不和。大宫子期言之君,以子产为相。为相一年,竖子不戏狎,斑白不提挈,僮子不犁畔。二年,市不豫贾。三年,门不夜关,道不拾遗。四年,田器不归。五年,士无尺籍,丧期不令而治。治郑二十六年而死,丁壮号哭,老人儿啼,曰："子产去我死乎！民将安归？"

按：以上记述与《左传》基本不同。其表现有三：首先,根据《世本》《春秋世族谱》等先秦谱牒资料,郑国历史上只有一位春秋初年的昭公,与子产时代相去甚远,无"徐挚为相"事。郑昭君时期可见于《左传》的执政之卿（"相"）,只有祭仲与叔詹,并无"徐挚"。《史记》言子产继徐挚为相在郑昭公时。根据上列第 12 事——"子产为郑成公少子"的记载,昭公在辈分上高出子产五代①,子产不可能为其"相"。其次,《左传》襄公三十年记载:

> (子产)从政一年,舆人诵之,曰:"取我衣冠而褚之,取我田畴而伍之。孰杀子产,吾其与之。"及三年,又诵之,曰:"我有子弟,子产诲之;我有田畴,子产殖之。子产而死,谁其嗣之?"

从上文可知,子产执政活动主要表现在利益关系的调整上。民众曾经极度不满,要杀死子产,可见其统治相当"威严"。《循吏列传》对子产如何为政虽然语焉不详,但从其序言来看,显然将"威严"的统治排除在外。

再次,《史记》记述了子产去世时郑国民众的反映,《左传》却没有;《左传》记载了子产临终前对子太叔的教导以及孔子的评论,也不见于《史记》。

二 《史记》子产记述的特点

从上文的比较可以看出,《史记》所述各事与《左传》的对应关系可分为四类,每类所含事件如下表所示②:

表1-2　　《史记》与《左传》子产叙事的对应关系

类型	基本相同	主干相似 情节冲突	相互补充	基本不同
编号	四,一一	一、二、五、一〇	三、六、七、八	九、一二、一三

以往史家曾对《史记》中的子产记述主要有两点批评:一是记述太过简略;二是没有凸显子产的历史地位。唐代司马贞认为,"(《史记》)有《管晏列传》,其国侨……亦古之贤大夫,不宜散入《循吏》之篇"(《史记索隐·循吏列传》)。在他看来,司马迁本应为子产撰写诸如《管晏列传》之类专门、详细的传记,而不应将他散列于篇幅短小的《循吏

---

① 郑昭公至郑成公之间世系为:昭、子亹、子仪、厉公(以上四君为一代,昭、厉公两次继位)——文公——穆公——灵公、襄公——悼公、成公。详见附录《郑公世系图》。
② 附表各事的归类着眼于事件内容,对无关主体的文字差异忽略不计。

列传》。明代郝敬指出：

> 郑有子产，何至不如越有范蠡？其人品功法超出远。《世家》于范蠡称述不容口；子产相郑始末，泛泛然；其于他诏令策士辞客语，非典要辄剿袭不厌。子产有辞，诸侯赖之，而略不及，何也？至于赞语，牵引荀息，宁易一子产乎？①

《史记》中的子产的事迹绝大部分见于《郑世家》，但那并不是子产的传记。具有个人传记性质的《循吏列传》只记了一件事（第一三），"似不要与《郑世家》重复也"②。其实，司马迁对子产并非不重视，如他曾指出，"子产之仁，绍世称贤"（《史记·太史公自序》）。对于如此重要的人物，《史记》的记述与其说疏略，不如说是史料掌握得有限。司马迁父子先后担任太史令，有文献阅读的便利，但是秦汉之间文籍散失严重，老子、庄子、孟子、荀子等诸多历史人物往往事迹不详，《史记》的记述一般寥寥数语。与上述人物的记述篇幅相比，《史记》子产记述不可谓简略。

史家之所以批评《史记》记载子产简略，有一个基本的认识前提，那就是《左传》已经详细记述在先，司马迁应该引用。但是，篇幅长短与详略之别原本是两个不同的概念。前者泛指文字的多寡，而不计较比较者的关系；后者虽然也包含篇幅多寡的特征，但专指对相同事件的记述，否则便无所谓详略。在史实上没有出入，所以上文"基本相同"类（四、七）与"相互补充"类（第三、六、七、八）之间可能存在一定详略之别。"相互补充"类各事件的篇幅差异比较明显，可谓详略有别，但"基本相同"类篇幅相当，可谓详略相当。"主干相似，情节冲突"类与"基本不同"类虽然篇幅悬殊，但是由于在史实上存在大量出入，故无所谓详略之别。而从整体的史料来源来说，《史记》与《左传》在子产的记述上只有篇幅长短的区别，却不是什么此详彼略的关系。

在《史记》的写作过程中，司马迁是否遵循了一条"厚今薄古"的标准③，即详述秦汉而简述先秦，从而在记述子产时对他所见史料有所省

---

① 郝敬：《史汉愚按》卷三，转引自杨燕起主编《历代名家评史记》，北京师范大学出版社1986年版，第479页。
② 郑克堂：《子产评传》，台湾商务印书馆有限公司1989年版，第17页。
③ 韩兆崎：《史记通论》，广西师范大学出版社1996年版，第239页。

略？这种可能性不是没有，但历经战国和汉初的各种人祸，先秦文献弥足宝贵，只有在"其文不雅驯"的情况下，司马迁才会弃而不用。《五帝本纪》中，司马迁对《尚书》《大戴礼》的引用与今本对应记述大体相当，其详略之别决不如上述子产记述的篇幅差别那样大。再则，如果《史记》真的以《左传》为其记述子产的史料来源，那么它又何必标新立异，造成上面谈到的种种差别？即使是后世传写有误，也不至于如此之大。因此，尽管《史记》对子产的记述与《左传》存在相同之处，但《左传》可能并非其直接来源。反过来也是如此，即《左传》也不以《史记》史料来源为来源。正因为它们的史料来源不同，所以才会出现上述诸多差异。至于相同之处的存在自然因为它们记述的是同一个真实存在的历史人物，或者说，它们在史料本源上是相同的。

既然《史记》记述子产的史料来源与《左传》不同，二者就应该具有大致平等的史学价值，而不能如清代梁玉绳的《史记志疑》那样唯《左传》为是，简单地以《左传》指摘《史记》，当然也不能相反，即以《史记》否定《左传》①。而应该兼顾《左传》与《史记》，以信传信，以疑传疑。对于那些可以相互印证的记述，例如第四件记事——"吴公子季札来访"以及第十一件记事——"子产杀楚太子"，基本可以确定其可靠性。而第三件记事——"子产辞邑"和第七件记事——"子产相君朝楚"，以及第八件记事——"申之盟"，由于二者各有侧重，所以兼顾二者，我们获得的信息要比原先要全面。而第六件记事——"子产问晋平公疾"，如果没有《左传》详细记述，我们可能会将《史记》所记载的晋平公的病因——"饮食哀乐女色"理解为饮食无度以及贪恋女色，但《左传》的记载超出了我们的想象。其中的女色不是一般意义上的纵欲，而是同姓通婚。这样我们就比较清楚地了解了子产乃至子产时代的人们对饮食男女与身体健康之间关系的认识。

至于那些"主干相同，细节冲突"以及"不同"类的记述。我们一方面需要辨伪，另一方面应该从二者的比较中发现新问题。例如，上文《史记》记述的第一、二两事都提及权臣企图自立为君，但从《左传》来看，子驷与子孔不过是比较专权罢了，没有什么篡逆的情节。综合我们对春秋历史的基本认识，应该还是《左传》的记载更为可信。而《史记》的说法明显带有战国以后人看待君臣关系的眼光，尤其有法家、纵横家的

---

① 徐仁甫《左传疏证》（四川人民出版社 1981 年版）认为，《左传》并非成书于先秦，而是西汉末年刘歆杂采《国语》、诸子、《史记》《新序》《说苑》《列女传》等而成。

解说风格。第一〇件记事——"子产不禳火灾",《史记》中子产不禳灾,而在《左传》的记载比较复杂,或禳或不禳,各有其缘故。《左传》的记述看似矛盾,但是却与春秋时期的政治家们对鬼神天命的认识的真实情况相符合。对彼时当政者而言,天命鬼神的信仰首先不是一个知识问题,而是一个政治伦理问题。有德的君主可能信仰天命鬼神,因为他把天命鬼神视为德的监督者;也可能不信仰它们,因为他注重的不是德的监督形式,而是德的实际表现。无德的君主可能信仰鬼神,因为它们保障了自己统治的正当性,他也可能是一个无神论者,因为他胆大妄为到无所畏惧的地步。正像孔子既讲君子有"三畏",其中之一就是"畏天命"(《论语·季氏》),又将天解释为"四时行焉,百物生焉"(《论语·阳货》)。天命鬼神虽然重要,但没有人事更重要。"未知生,焉知死?"(《论语·先进》)子产禳灾与否不是问题的关键所在,关键是对天命鬼神与为政之德相互关系的认识。在这一点上,《史记》与《左传》其实并不对立。

《史记》在子产记述上与《左传》严重对立的主要表现是,《史记》没有关于子产猛政事迹的记述。《史记》记述的子产是一个单纯的"仁人"。不仅《史记》,整个战国秦汉时期的大多数文献都只是把子产当作"仁人"加以称扬。孔子评价子产"其行己也恭,其事上也敬,其养民也惠,其使民也义"(《论语·公冶长》),可谓"惠人"(《论语·宪问》)、"古之遗爱"。王念孙注:"爱即仁也,谓子产仁爱,有古人遗风。"① 孔子之后,儒家后学对子产的评述长期因循不改,甚至连基本字眼都是孔子使用过的"仁""惠",或"贤能"。子产的猛政事迹,在《汉书》写成以前,似乎只有《韩非子》有所提及。孟子时子产"惠"名远扬,甚至出现"子产听郑国之政,以其乘舆济人于溱、洧"的传说,孟子颇不以为然:

> (子产)惠而不知为政。岁十一月,徒杠成;十二月,舆梁成,民未病涉也。君子平其政,行辟人可也。焉得人人而济之?故为政者,每人而悦之,日亦不足矣。(《孟子·离娄下》)

也就是说,统治者的职责是实实在在地做好自己职守范围内的事情,

---

① (清)王引之撰,钱文忠等整理,朱维铮审阅:《经义述闻》,上海书店出版社2012年版,第30页。

而不是取悦民众。荀子也说，"子产取民者也，未及为政也"（《荀子·王制》）。而《礼记·仲尼燕居》更记载了据说出自孔子的一句话："子产犹众人之母也，能食之，不能教也。"这些不满的存在不是因为子产不仁，不"惠"，恰恰相反，它们是子产"惠"名传扬出现的表现，只是有些夸大罢了。至秦汉之间，这种势头一直强劲不衰。子产被迅速推上宽政楷模的宝座。《吕氏春秋·下贤》称，子产"相郑十八年，刑三人，杀二人，桃李之垂于行者莫之援也，锥刀之遗于道者莫之举也"。这简直就是儒家推崇的不任刑罚，推行仁政的典范——"成康之治"的翻版。① 虽然后来班固在《汉书·刑法志》中根据《左传》对子产"铸刑书"的记述断言"偷薄之政，自是滋矣"。可是其妹班昭在《汉书·古今人表》里仍将子产列在"仁人"之列。

孔子及其后学对子产都有一种消解猛政的潜意识。孔子是以"宽猛相济"来化解为政以猛的偏颇。儒家后学却不那么持平，在他们的潜意识中，只愿传播仁惠形象的子产，很少提及"宽猛相济"的子产，更不用说主张猛政的子产。司马迁显然受到了儒家统治理念的深刻熏染，认为"法令所以导民也，刑罚所以禁奸也。文武不备，良民惧然身修者，官未曾乱也。奉职循理，亦可以为治，何必威严哉？"正是在这种背景下，世人传颂最多的是子产的仁惠。子产被司马迁塑造为"循吏"，可以说是对当时人们心目中子产主流形象的一种比较"真实"的记录。柯林武德说，"一切历史都是思想史"②。我们所看到的有差别，甚至相互冲突的史料在许多情况下是古人思想观念的产物，研究它们也是有意义的。

总之，《史记》所记述子产既不是对《左传》的抄录，也不是荒诞不经的传说汇集。与《左传》相比，《史记》对子产的记述固然篇幅短小，自相矛盾之处也并非一、二，但其史学价值值得肯定。它们既可以在一定程度上与《左传》相互印证和补充，也可以在相互对立冲突中启发后人新的思考。研究子产，应该兼顾史料差异，对来自不同体系的史料，以信传信，以疑传疑，在比较中分析鉴别。

---

① 有关记述还见于《说苑·贵德》、《韩诗外传》卷三（第二十四章）以及《新序》等文献。
② [美]柯林武德著，何兆武译：《历史的观念》，中国社会科学出版社1986年版，第244页。

表1-3　　　　　　　　　《史记》子产记述列表

时间			历史记述
公元前	鲁纪	郑纪	
564	襄九	简二	诛子驷（《年表》）。
563	襄一〇	简三	三年，相子驷欲自立为君，公子子孔使尉止杀相子驷而代之。子孔又欲自立。子产曰："子驷为不可，诛之，今又效之，是乱无时息也。"于是子孔从之而相郑简公。（《郑世家》） （简公三年）子孔作乱，子产攻之（《年表》）。
554	襄一九	简一二	十二年，简公怒相子孔专国权，诛之，而以子产为卿。（《郑世家》） 子产为卿（《年表》）。
549	襄二四	简一七	子产曰：范宣子为政。我请伐陈。
547	襄二六	简一九	十九年，简公如晋请卫君还，而封子产以六邑。子产让，受其三邑（《郑世家》）。
544	襄二九	简二二	二十二年，吴使延陵季子于郑，见子产如旧交，谓子产曰："郑之执政者侈，难将至，政将及子。子为政，必以礼；不然，郑将败。"子产厚遇季子（《郑世家》）。 （季札）使于郑。见子产，如旧交。谓子产曰："郑之执政侈，难将至矣，政必及子。子为政，慎以礼。不然，郑国将败。"（《吴世家》）。 吴季札谓子产曰："政将归子，子以礼，幸脱于厄矣。"（《年表》）
543	襄三〇	简二三	二十三年，诸公子争宠相杀，又欲杀子产。公子或谏曰："子产仁人，郑所以存者子产也，勿杀！"乃止（《郑世家》）。 诸公子争宠相杀，又欲杀子产，子产、子成止之（《年表》）。
541	昭元	简二五	二十五年，郑使子产于晋，问平公疾……（《郑世家》）。
539	昭三	简二七	二十七年夏，郑简公朝晋。冬，畏楚灵王之强，又朝楚，子产从（《郑世家》）。
538	昭四	简二八	二十八年，郑君病，使子产会诸侯，与楚灵王盟于申，诛齐庆封（《郑世家》）。 子产曰："三国不会。"（《年表》）
526	昭一六	定四	四年，晋昭公卒，其六卿强，公室卑。子产谓韩宣子曰："为政必以德，毋忘所以立。"（《郑世家》）
525	昭一七	定五	火，欲禳之，子产曰："不如修德"（《年表》）

续表

时间			历史记述
公元前	鲁纪	郑纪	
524	昭一八	定六	六年,郑火,公欲禳之。子产曰:"不如修德。"(《郑世家》)火(《年表》)。
522	昭二〇	定八	八年,楚太子建来奔。十年,太子建与晋谋袭郑。郑杀建,建子胜奔吴(《郑世家》)。 伍胥……与太子建俱奔于郑。郑人甚善之.太子建又适晋,晋顷公曰:"太子既善郑,郑信太子.太子能为我内应,而我攻其外,灭郑必矣.灭郑而封太子。"太子乃还郑。事未会,会自私欲杀其从者,从者知其谋,乃告之于郑。郑定公与子产诛杀太子建(《伍子胥列传》)。
496	定一四	声五	声公五年,郑相子产卒,郑人皆哭泣,悲之如亡亲戚。子产者,郑成公少子也。为人仁爱人,事君忠厚。孔子尝过郑,与子产如兄弟云。及闻子产死,孔子为泣曰:"古之遗爱也!"(《郑世家》)子产卒(《年表》)。
时间不详			子产者,郑之列大夫也。郑昭君之时,以所爱徐挚为相,国乱,上下不亲,父子不和。大宫子期言之君,以子产为相。为相一年,竖子不戏狎,斑白不提挈,僮子不犁畔。二年,市不豫贾。三年,门不夜关,道不拾遗。四年,田器不归。五年,士无尺籍,丧期不令而治。治郑二十六年而死,丁壮号哭,老人儿啼,曰:"子产去我死乎!民将安归?"(《循吏列传》) 孔子之所严事,于卫蘧伯玉;于周则老子;于齐,晏平仲;于楚,老莱子;于郑,子产;于鲁,孟公绰。数称臧文仲、柳下惠、铜鞮、伯华、介山子然,孔子皆后之,不并世(《仲尼弟子列传》)。

第三节 诸子文献的记述

在中国古代学术体系中,历史记述首先主要存在于"史部"文献,即史书之中。认识和研究子产和春秋时期的历史,自然首先应该从《左传》《史记》这类史书入手。然而,相对世人对历史真相的渴求,任何记述都有残缺不全的遗憾,何况上古文献原本就不丰富,散佚失传的则更多。先秦两汉时期,诸子文献——即"子书",乃是史书之外历史记述的最主要的来源。这些记述与史书记述存在千丝万缕的联系,内容上不无相同之处,但也存在众多差异。如何对待和利用子书的历史记述,还需要全面和具体的分析。

根据笔者统计，先秦两汉诸子文献中，涉及子产的多达16种、50篇（章）。它们篇幅长短不一，文本性质也有所不同，大体可分为三类：一是关于子产事迹的记载；二是对子产的评论；三是拟托子产的故事。

一 关于子产事迹的记载

诸子文献中有一些关于子产的历史记述，虽然不能完全达到补《左传》《史记》之阙的程度，但仍然可以帮助我们理解二书的一些记载。

以子产从政的年限为例。《左传》的记述是从襄公十九年到昭公二十年（其中襄公三十年后任执政），共计三十三年（其中任执政二十一年）。而《史记》的记述则有两种说法，一种是《郑世家》与《十二诸侯年表》的记述，从郑简公十二年（鲁襄公十九年）到郑声公五年（鲁定公十四年）共计五十九年；另一种是《循吏列传》的记述，没有给出具体的起止年份，只说子产"治郑二十六年"。那么，如何解决上述记述的矛盾呢？

跳出《左传》和《史记》的纠葛，我们看到，《吕氏春秋·下贤》有"（子产）相郑（执政）十八年"的记述。这与《左传》以及《史记·循吏列传》的记载虽然还各有四年的差距，但是却比《史记·郑世家》的观点接近，说明《左传》的更为可信。从《左传》的记述看，郑国大族势力强大，子产执政前后，虽然德高望重并担任执政，但也不能完全掌握权力。"二十六年"可能是子产在政坛影响较大的年限，而"十八年"可能是他掌握实权（执政）的年限。

又如"作封洫"。《左传》襄公三十年记载，子产"使田有封洫"，至于具体内容却不得而知。历代对此学者多方推究，却总是莫衷一是。近代以来，许多学者认为它可能是子产对郑国土地关系的调整。有学者提出，"作封洫"以及郑国子驷的"为田洫"应该"首先从农学意义上来理解"①。结合子书（如《韩非子》）的有关记载，这种观点是可以成立的。在《韩非子·显学》中，有所谓"昔禹决江浚河而民聚瓦石，子产开亩树桑（而）郑人谤訾"的说法。从周人分封时设置封树的传统以及子产为此所遭受的谤訾来看，只有"作封洫"可与之对应，所谓的"开亩树桑"应该就是"作封洫"。

关于子产对郑国内政进行整顿的历史，《左传》襄公三十年有如下较为系统的一段记述：

---

① 赵世超：《周代国野制度研究》，陕西人民出版社1991年版，第183页。

> 子产使都鄙有章，上下有服；田有封洫，庐井有伍。大人之忠俭者，从而与之；泰侈者因而毙之。……从政一年，舆人诵之，曰："取我衣冠而褚之，取我田畴而伍之。孰杀子产，吾其与之。"及三年，又诵之，曰："我有子弟，子产诲之；我有田畴，子产殖之。子产而死，谁其嗣之？"

《吕氏春秋·乐成》也记载：

> 子产始治郑，使田有封洫，都鄙有服。民相与诵之曰："我有田畴，而子产赋之。我有衣冠，而子产贮之。孰杀子产，吾其与之。"后三年，民又诵之曰："我有田畴，而子产殖之。我有子弟，而子产诲之。子产若死，其使谁嗣之？"

通过以上两段的比较，子产整顿内政的事实基本可以被证明。另外，关于舆人之诵的记述，二者个别文字略有差异，但情节基本相同：一是"褚"与"贮"；二是"伍"与"赋"。在文句基本相同的情况下，杜预以"贮"解"褚"，尽管现代学者提出不同见解，认为应当作"财物税"解①，但是杜预的思路还是可以借鉴的。而"伍"，杜预解释为"庐井有伍"之"伍"，而通过比照《吕氏春秋》，以"赋"解更为允当②。

再如，关于子产晚年的政治思想。在《左传》昭公二十年的记载中，子产实际上是提倡猛政。可是受《左传》原文所附孔子"宽猛相济"的评议的干扰，后人多误以为"宽猛相济"就是子产的思想或主张。而《韩非子·内储说上》的记载提供了一个更为明晰的版本：

> 子产相郑，病将死，谓游吉曰："我死后，子必用郑，必以严莅人。夫火形严，故人鲜灼；水形懦，人多溺。子必严子之刑，无令溺子之懦。"故子产死，游吉不肯严形（刑），郑少年相率为盗，处于萑泽，将遂以为郑祸。游吉率车骑与战，一日一夜，仅能克之。游吉喟然叹曰："吾蚤行夫子之教，必不悔至于此矣。"

---

① 杨宽：《战国史》，上海人民出版社1998年版，第156页。
② 杨伯峻：《春秋左传注》，中华书局1990年版，第1182页。

从《韩非子》的记载看,"猛政"才是子产政治遗教的核心,而不是什么"宽猛相济","宽猛相济"是孔子的理想。

二 对子产事迹的评论

子书关于子产的记述虽然包含若干子产的事迹,但它们以陈说立论为主要目的,对子产的记述则更多属于"品头论足"。此类记述以儒家文献为最多。

《论语·公冶长》记载:"子谓子产,有君子之道四焉:其行己也恭,其事上也敬,其养民也惠,其使民也义。"而在《宪问》篇,孔子曾将子产与子西、管仲加以比较:

> 或问子产。子曰:"惠人也。"问子西。曰:"彼哉!彼哉!"问管仲。曰:"人也。夺伯氏骈邑三百,饭疏食,没齿无怨言。"

孔子对子产的高度评价奠定了儒家后学评价子产的基调。尽管后来也出现过一些修正意见,如孟子批评子产"惠而不知为政"(《孟子·离娄下》),荀子认为,"子产取民者也,未及为政也"(《荀子·王制》),"子产惠人也,不如管仲"(《荀子·大略》),但是总体上还是跳不出孔子所谓的"仁"与"惠"。受这种认识定式的影响,在《孔子家语·辩政》①中,孔子对子产与晏婴的比较呈现出与《论语》高度契合的观点:

> 子贡问于孔子曰:"夫子之于子产、晏子,可为至矣。敢问二大夫之所为目,夫子之所以与之者。"孔子曰:"夫子产于民为惠主,于学为博物;晏子于君为忠臣,而行为恭敏。故吾皆以兄事之,而加爱敬。"

在儒家"仁""惠"评价基调的渲染下,子产的政治形象步步高升,最终成为宽政统治的楷模:

> 臧孙,鲁大夫,行猛政。子贡非之曰:"夫政犹张琴瑟也,大弦

---

① 以往学者多认为《孔子家语》乃王肃伪作。近年,学者结合出土文献的研究,反对晚出说。参见张岩《〈孔子家语〉研究综述》,《孔子研究》2004 年第 4 期。

急则小弦绝矣。故曰:'罚得则奸邪止,赏得则下欢悦。'子之贼心见矣。独不闻子产之相郑乎?推贤举能,抑恶扬善,有大略者不问其短,有厚德者不非小疵,家给人足,囹圄空虚。子产卒,国人皆叩心流涕,三月不闻竽琴之音。其生也见爱,死也可悲。故曰;'德莫大于仁,祸莫大于刻。'今子病而人贺,子愈而人相惧,曰:'嗟乎!何命之不善,臧孙子又不死?'"臧孙惭而避位,终身不出。①

战国诸子多以否定儒家而标新立异。在对子产的评价上,也带有这种风气。《韩非子·难三》记载:

> 郑子产晨出,过东匠之闾,闻妇人之哭,抚其御之手而听之。有间,遣吏执而问之,则手绞其夫者也。异日,其御问曰:"夫子何以知之?"子产曰:"其声惧。凡人于其亲爱也,始病而忧,临死而惧,已死而哀。今哭已死,不哀而惧,是以知其有奸也。"
>
> 或曰:子产之治,不亦多事乎?奸必待耳目之所及而后知之,则郑国之得奸者寡矣。不任典成之吏,不察参伍之政,不明度量,恃尽聪明劳智虑而以知奸,不亦无术乎?且夫物众而智寡,寡不胜众,智不足以遍知物,故则因物以治物。下众而上寡,寡不胜众者,言君不足以遍知臣也,故因人以知人。是以形体不劳,而事治;智虑不用,而奸得。故宋人语曰:"一雀过羿,必得之,则羿诬矣。以天下为之罗,则雀不失矣。"夫知奸亦有大罗,不失其一而已矣。不修其理,而以己之胸察为之弓矢,则子产诬矣。老子曰:"以智治国,国之贼也。"其子产之谓矣。

如前所述,在《韩非子·内储说上》中,子产将自己的政治信条归结为"必以严莅人",是法家推崇的以"猛政"治国的政治家。这里韩非子对子产"以智治国"的统治方式不以为然,但其性质大体如孟子批评子产"惠而不知为政"。换言之,韩非子在根本政治理念上对子产还是肯定的。

三 拟托子产的故事

子书对子产历史的记述,既包括信而有征的历史,但也包括传说与虚

---

① 《新序》佚文。转引自《后汉书》李贤注,中华书局1965年标点本,第1550页。

拟的成分。由于时代久远,要将二者严格区分开来却非易事。以下仅举若干典型例证。

(一)传说

子书中关于子产的典型传说主要有二:一是孔子"兄事"子产;二是子产诛邓析。

所谓孔子"兄事"子产,至晚在汉初已经出现。此说为司马迁所采信,《史记·郑世家》记载:"孔子尝过郑,与子产如兄弟云。"在血亲之外,人们如何"兄事",《礼记·曲礼上》有如下规定:

> 夫为人子者,出必告,反必面……年长以倍,则父事之;十年以长,则兄事之。五年以长,则肩随之。群居五人,则长者必异席。

从《左传》的记载看,子产年长孔子三十岁左右,"兄事"子产的说法于情理不合,也不符合古代礼制。可是作为传说,它却在诸子文献中一再出现。如《孔子家语·辩政》记载:

> 子贡问于孔子曰:"夫子之于子产、晏子,可为至矣。敢问二大夫之所为目,夫子之所以与之者。"孔子曰:"夫子产于民为惠主,于学为博物;晏子于君为忠臣,而行为恭敏。故吾皆以兄事之,而加爱敬。"

《孔丛子·杂训》也记载:

> 悬子问子思曰:"吾闻同声者相好。子之先君见子产时则兄事之,而世谓子产仁爱,称夫子圣人,是谓圣道事仁爱乎?吾未谕其人之孰先后也,故质于子。"

对于"兄事"的真相,古人慑于圣贤的盛名,往往以讹传讹,但也不乏个别清醒者。宋、元之际的金履祥或许从《孔子家语》以及《孔丛子》等子书中品出一些味道。在《论语》的注解中,他试图为"兄事"做出一个合理的解释。他指出:"子产治国之才,非当世之所及,然则夫子称之,亦圣人待衰世之意。"[①] 实际上,"兄事"的实质或许只是子产与

---

① 金履祥:《论语集注考证》(一),《丛书集成》,中华书局1985年版,第29页。

儒家政治理念上的亲近，并非真的以兄相称（待）。

子产诛邓析的传说，在目前所见文献中，以《荀子·宥坐》的记载为最早：

> 汤诛尹谐，文王诛潘止，周公诛管叔，太公诛华仕，管仲诛付里乙，子产诛邓析、史付，此七子者，皆异世同心，不可不诛也。

此外，《吕氏春秋·离谓》《说苑·指武》《淮南子·泛论》《盐铁论·疾贪》《尹文子·大道下》以及《列子·力命》等篇目都有所记述。《孔子家语·始诛》虽作"子产诛史何"，但所诛对象大体上仍是邓析一类人物。这一传说尽管非常流行，但可疑之处也显而易见。按照《左传》记载，子产以鲁昭公二十年至二十一年间去世，而定公九年驷歂杀邓析，因此邓析之死与子产无关。《史记·郑世家》将子产去世的时间大为推后，使得邓析被杀时子产尚在人世，但是整部《史记》却连邓析的名字都没有出现过，说"子产诛（杀）邓析"，不能不让人生疑。

值得注意的是，子书记述子产诛邓析时，常与孔子诛少正卯相提并论。关于后者，徐复观的观点或可参考：

> 孔子诛少正卯的故事，酝酿于战国末期的法家（以韩非为代表），成立于秦政焚书坑儒之世，盛传于两汉之间，一直到《孔子家语》而故事的演进才算完成。因把《家语》的同一材料窜入《史记》的《孔子世家》而其影响更为扩大，这是与法家思想与专制政治密切关联的故事。①

子产诛邓析说与孔子诛少正卯一样，都不是"真正"的历史，但也包含一定的历史真实。简单地说，它们的出现与广泛传播与专制政治的发展有着密切的关系。如果有新材料，其真相或可进一步厘清。

（二）虚拟

诸子文献中所见子产事迹属于虚拟者以《庄子·德充符》以及《列子·杨朱》篇最为典型。

---

① 徐复观：《一个历史故事的形成及其演进——论孔子诛少正卯》，《民主评论》1958 年第 10 期。

《庄子·德充符》中有子产与申徒嘉的对话：

> 申徒嘉，兀者也，而与郑子产同师于伯昏无人。子产谓申徒嘉曰："我先出则子止，子先出则我止。"其明日，又与合堂同席而坐。子产谓申徒嘉曰："我先出则子止，子先出则我止。今我将出，子可以止乎？其未邪？且子见执政而不违，子齐执政乎？"
>
> 申徒嘉曰："先生之门固有执政焉如此哉？子而说子之执政而后人者也。闻之曰：'鉴明则尘垢不止，止则不明也。久与贤人处则无过。'今子之所取大者，先生也，而犹出言若是，不亦过乎！"
>
> 子产曰："子既若是矣，犹与尧争善。计子之德，不足以自反邪？"申徒嘉曰："自状其过以不当亡者众；不状其过以不当存者寡。知不可奈何而安之若命，唯有德者能之。游于羿之彀中。中央者，中地也；然而不中者，命也。人以其全足笑吾不全足者众矣，我怫然而怒，而适先生之所，则废然而反。不知先生之洗我以善邪？吾之自寐邪？吾与夫子游十九年，而未尝知吾兀者也。今子与我游于形骸之内，而子索我于形骸之外，不亦过乎！"
>
> 子产蹴然改容更貌曰："子无乃称！"

上述资料之所以说是虚构的，首先是因为《庄子》一书整体上具有虚拟设喻的风格。《史记·老子韩非列传》说，"其（庄子）著书十余万言，大抵率寓言也"。"伯昏无人"这样的名字虚构色彩十分明显。其次，还因为文中子产与申徒嘉合堂求学于伯昏无人这样的隐士并非春秋气象。作者为了说明精神高于形体，将子产作为权高位重者的代表，并与身体残缺但心智完善的申屠嘉相对比。考虑到战国时期以儒家为代表的对子产的称扬，以及庄子一派鲜明排儒的立场，那么庄子虚拟子产事迹的意图显而易见了。

《列子·杨朱》记述了子产为其兄弟"公孙朝""公孙穆"请教邓析的故事：

> 子产相郑，专国之政；三年，善者服其化，恶者畏其禁，郑国以治。诸侯惮之。而有兄曰公孙朝，有弟曰公孙穆。朝好酒，穆好色……子产日夜以为戚，密造邓析而谋之……邓析曰："子与真人居而不知也，孰谓子智者乎？郑国之治偶耳，非子之功也。"

杨伯峻认为，《杨朱》反映晋代的思想和言行，因此该篇乃晋人的伪造。① 徐复观则认为，《杨朱》篇成书于战国末期。② 如果徐说不误，则《杨朱》中提及的子产也在本书研究的范围内。从"公孙朝""公孙穆"的名字以及文中反映的思想来看，显然又是将子产作为俗世为政者的代表而加以批判。其思路与庄子如出一辙，可见此类拟托并非个别。

不过，跳出拟托的虚构成分，真正值得关注的或许是子产何以成为拟托的对象？从众多子书文献提及子产的立论视角来看，子产是作为一个普遍受到肯定的人物出现在历史舞台上。子产还是那个子产——在这一意义上，历史并未被完全剥离，只是被偶像化了。之所以如此，是因为一些著书立说者试图推翻或者瓦解旧偶像，以便树立自己理想中的新偶像。这是诸子百家，尤其是那些较晚出现，以否定儒家而图自立门户的诸子惯用的手法。

目前所见先秦两汉子书中，还有许多资料尚难断定究竟属于拟托还是确实的历史记述。这是求真求实的传统史学一直试图破解的谜团。实现这一目标，一方面需要期待新材料的出现，另一方面也许可以变换一种思路，在历史记载与传说之间寻求某种共性。现代史学认为，历史与传说本质上都是人类的记忆。与《左传》《史记》等经典史书相比，诸子文献的记述也是古人关于子产历史的一种记忆，有进一步探究的价值。

综上所述，先秦两汉子书关于子产的种种记述，虽然数量和篇幅上没有显著增加，但对全面认识子产的政治观念和把握其历史活动提供了一个特殊视角，可以在更为宏观的历史背景下理解春秋政治转型中的子产。

表1-4　　　　　先秦两汉子书中记述子产的文献和篇目

文献	篇目
《论语》	《公冶长》《宪问》
《孟子》	《离娄》《万章》
《庄子》	《德充符》
《荀子》	《王制》《大略》《宥坐》

---

① 杨伯峻：《列子集释》，中华书局1979年版，"前言"第4—6页。
② 徐复观：《中国人性论史》，上海三联书店2001年版，第369—383页。

续表

文献	篇目
《韩非子》	《内储说上》《外储说左上》《外储说左下》《难三》《显学》
《吕氏春秋》	《下贤》《乐成》《离谓》《求人》
《尸子》	《治天下》
《说苑》	《臣术》《贵德》《尊贤》《善说》《指武》《辨物》
《淮南子》	《泛论训》《说山训》《缪称训》《诠言训》
《韩诗外传》	卷三,章七;卷七,二十四章
《盐铁论》	《非鞅》《救匮》《疾贪》《周秦》
《论衡》	《骨相》《变虚》《非韩》《量知》《别通》《死伪》《纪妖》
《尹文子》	《大道下》
《孔丛子》	《杂训》《陈士义》
《孔子家语》	《始诛》《贤君》《辩政》《正论》
《列子》	《杨朱》《力命》

第二章　子产与郑国的世卿政治

春秋时期，各诸侯国卿大夫势力纷纷崛起，出现了所谓"世卿专政"的局面。控制一国政权的著名家族或家族集团，如齐有田氏、鲁有"三桓"，晋有"六卿"，而郑国则有"七穆"。在孔子的历史视野中，它们都属于"天下无道"的表现：

> 天下有道，则礼乐征伐自天子出；天下无道，则礼乐征伐自诸侯出；自诸侯出，盖十世希不失矣；自大夫出，五世希不失矣；陪臣执国命，三世希不失矣。天下有道，则政不在大夫；天下有道，则庶人不议。(《论语·季氏》)

孔子推崇"礼乐征伐自天子出"的西周政治，否定"礼乐征伐自诸侯出"以及更为严重的"自大夫出"的春秋政治，其立场和观点对儒家后学和中国传统史学产生了深远影响。孟子进一步指出："五霸者，三王之罪人也；今（按：指战国时期）之诸侯，五霸之罪人也；今之大夫，今之诸侯之罪人也。"(《孟子·告子下》)《公羊传》认为《春秋》经的撰述宗旨之一就是"讥世卿"，强调"世卿非礼也"。(《公羊传》宣公十年）东汉时期，班固更将世卿政治的出现时间具体到"（齐）桓、（晋）文"以后："周世既微，礼乐征伐自诸侯出，桓、文以后，大夫世权，陪臣执命"（《汉书·游侠列传》）。清代学者顾栋高强调："国家大患，莫大乎世卿"，"世卿之祸，小者淫侈越法，陨世丧宗，或族大宠多，权逼主上，甚者厚施窃国，陈氏篡齐，三家分晋，故世卿之祸，几与封建等"①。近代学者王国维仍认为："世卿者，后世之乱制也。"② 晚至20世纪，上述观点仍相当有市场，认为"凡是世卿掌权的诸侯国，政治日趋

---

① 顾栋高：《春秋大事表》，中华书局1993年版，第1203页。
② 王国维：《观堂集林》，中华书局1959年版，第472页。

腐败，内乱不休，国势日衰"①。

在这个备受诟病的时代，子产的存在可谓耐人寻味。他出身世族，在父祖与家族的光环庇佑下跻身政坛；担任卿职直至执政，对世族非但不能回避，并以实际行动维持了所在世族集团对郑国政权的控制。相比而言，郑君只享有名义上的尊崇地位，对本国政治生活的实际缺乏影响；子产去世后，政权继续由世族长期掌控，其子也担任卿职。子产作为世卿政治的代表，既赢得了当时郑国内外的普遍赞誉，也得到后人近乎一面倒的肯定，仿佛与儒家一向否定的世卿政治毫不相干。实际上，子产没有，也无法自外于世卿政治。本章将梳理郑国世卿政治产生、演变的历史，探讨子产与世族政治的发展的关系。

说到世卿政治的出现，有一种观点需要纠正，那就是"世族即世官，世卿即世官"，以为只要有世族，便自然有世官，任世官者便自然为世卿。其实，"世卿""世族"与"世官"，是三个密切相关，但各有侧重的概念。"世族"泛指那些一定时期内世代保持巨大影响的家族，"世官"是指某些官职由特定家族长期担任，而"世卿"特指若干家族世代垄断执政大权。需要注意的是，所谓世族，尽管地位显赫，其族之人若未世代担任官职，便无所谓"世官"；不世代为卿，也就无所谓"世卿"。② 所谓"世官"，既包括执一国权柄者，也包含低级劳役的承担者，他们地位或尊或卑，只有世代为卿的贵族人士才堪称"世卿"。作为"世族"和"世官"的交集，"世卿"垄断一国权柄，其统治方可称为"世卿政治"。

世卿政治是周代卿权发展和扩张的结果，典型意义的世卿政治只存在于春秋时期。西周初年，周公、召公等重臣长期担任要职（世官），作为王权的附庸，其家族影响较大（世族），一定意义上堪称世族，但周王朝统治集团内没有形成任何能长期够挑战周王权威的力量。厉王时期，周、召、卫等大族一度左右天下政局，出现所谓"共和行政"，但宣王即位后，几大诸侯的影响趋于减弱。西周末年，郑国三代郑伯（桓、武、庄）虽然世袭担任王朝卿士，但最终还是被桓王剥夺。晁福林先生指出：

> 终西周之世，卿权始终是王权的附庸。至春秋时期，卿权开始影响和干预君权，到春秋后期，卿权世袭成为惯例，遂成世卿擅权局

---

① 左言东：《中国政治制度史》，浙江古籍出版社1986年版，第77页。
② 春秋齐国国、高二氏号称"天子之二守"，在名号和等级上号为上卿，但不执掌大权。

面，最终完成了由卿权向新的君权蜕化的过程。①

春秋时期，周王式微。各诸侯国中"世族""世官"普遍存在，但"世卿"并未遍地开花。即使世卿专政的诸侯国，其世卿的存在也有一个从无到有的复杂过程。郑国的世卿政治，是郑国历经春秋前期的长期政治动荡后，历经穆、襄二公时期权力整合的产物。

第一节　穆族的兴起

一　桓公至文公之间的动荡

郑国是周代主要诸侯国中立国较晚的一个，从始封君桓公到穆公之父文公，郑伯世系历经5代8君。

桓、武二公时期，正值西周末年。《史记·郑世家》记载："郑桓公友者，厉王少子，而宣王庶弟也②。宣王立二十二年，友初封于郑。"③ 郑国分封较晚，虽然有"厉、宣之亲"的宗法优势，但辟土服远的空间有限，立国自存乃是当务之急，因此郑国统治集团内部关系可能比较和谐。近年公布的清华简《郑武夫人规孺子》记载："昔吾先君，如邦将有大事，必再进大夫，大夫而与之偕图。"④ 桓公、武公在利用担任周之司徒、卿士的职位之便，用计谋东迁于伊、洛、河、颖一带虢、郐十邑之间，奠定了郑国立足中原的地理和政治基础。⑤

庄公时期，郑国已有"小霸"之实。在国君权势空前高涨的同时，其内部围绕君位的宫斗剧也拉开序幕。"郑伯克段于鄢"就是对庄公与母弟共叔段之间兄弟阋墙历史的记载（《左传》隐公元年）。有迹象显示，为了巩固君权，庄公采取了疏远公族而重用远人的政策。见诸文献记载的

---

① 晁福林：《论周代卿权》，《中国社会科学》1993年第6期。
② 《史记·十二诸侯年表》作"母弟"。
③ 《史记索隐》引《世本》云："桓公居棫林"，即今陕西华县境内。裘锡圭认为，桓公所居"棫林"当在今河南叶县东北，见其《论笭簋的两个地名——棫林和胡》，载《考古与文物》编辑部编《古文字论集》（二），1983年，第4—7页。而据《竹书纪年》则云："郑桓公，宣王之子"，"晋文侯二年，周宣王子多父伐郐，克之。乃居郑父之丘，名之曰郑，是曰桓公"。见方诗铭等《古本竹书纪年辑证》，上海古籍出版社2005年版，第70页。
④ 李学勤主编：《清华大学藏战国竹简［陆］》，中西书局2016年版，第104页。
⑤ 详见《国语·郑语》。

几位郑国重臣，如出身"祭封人"的祭仲以及出身"颍谷封人"的颍考叔，大约都是地方性家族首脑而非公族出身①。

庄公去世后，庄公四子——公子忽（昭公）、公子突（厉公）、公子亹、公子婴②围绕君位继承展开了激烈争夺。四公子先后即位，其中忽、突二公子更经历了即位、失国、逃亡与复辟的反复，忽、亹、婴三兄弟死于非命。上述各君统治时期，虽然有若干公族子弟参与政务的记载，但似乎都未居要职③。以祭仲为代表的非公族臣子占据了郑国政坛要职。祭仲自武公时期即执掌国政④，庄公时为卿，在庄公诸子争立时期，凭借其权位操纵君位废立，庄公去世后，先拥立公子忽，不久又在宋国威逼利诱下改立公子突，是为郑厉公（《左传》桓公十一年）。"祭仲专"，"郑伯（厉公）患之"（《左传》桓公十五年），密谋铲除祭仲，祭仲发动反击，迫使厉公流亡，迎立公子忽为君（昭公）。两年后，昭公被另一权臣高渠弥杀害，祭仲不但没有追究，反而合谋拥立公子亹。公子亹被齐人杀害，二人又拥立公子婴。祭仲、高渠弥专擅国政，玩弄君位废立于股掌之间，致使郑国一蹶不振，庄公时期的"小霸"局面一去不复返。此后，郑国的权力斗争变幻莫测，祭仲、高渠弥也盛极转衰。高渠弥死于子亹元年⑤。祭仲在郑子子婴在位的十二年间很快默无声息，直至郑子十二年死亡（《史记·郑世家》）。可以推测，在他们人生的后十几年里也失势了。厉公时期，权势最显赫的莫过于傅瑕。其身份与祭仲、高渠弥类似，曾协助厉公复辟，但厉公得逞后却反而置其于死地。对于郑国统治集团内部权力斗争的残酷与无常，司马迁感慨道："语有之，'以权利合者，权利尽而交疏'，甫假（傅瑕）是也。"（《史记·郑世家》）

文公在位四十五年，公族在统治集团内斗中日趋孤立。其太子华企图铲除泄氏、孔氏和子人氏三族，不但没有成功，反而被杀。关于

---

① 《左传》桓公十一年记："初，祭封人仲足有宠于庄公，庄公使为卿。"又《左传》隐公元年称："颍考叔为颍谷封人。"杨伯峻注称"封人"，"为镇守边疆之地方长官"（见杨伯峻《春秋左传注》，中华书局1990年版，第14页）。从《左传》所记"封人"情况来看，大约都是地方性家族的首脑，大多与国君出身不同宗族，与公族关系较为疏远者。

② 子亹、子婴无谥。后者有时称"郑子"。

③ 如《左传》隐公元年提到的公子吕、隐公十一年提到的公孙阏与公孙获等。《左传》隐公元年记郑庄公克许之后，"乃使公孙获处许西偏"。至于公孙阏，《左传》又称之为"子都"，许多学者以为即《诗经·郑风》提到的美少年"子都"，为郑庄公之宠臣。《左传》隐公十一年记他在郑伐许前"与颍考叔争车"，不胜，因此在伐许攻城之时，挟愤射杀颍考叔，而郑庄公袒护子都，不使治其罪。

④ 《左传》桓公十一年："初，祭封人仲足有宠于庄公。"

⑤ 《左传》桓公十八年："齐人杀子亹，而轘高渠弥。"

子华之死，尽管文献语焉不详，但有迹象显示郑伯负有主要责任①。其他各子，子臧被诱杀，子瑕不得立，子士被楚国毒死，子俞弥早卒，包括子兰（即穆公）在内的文公其余诸子基本上被驱逐到国外②。与公族的凋零形成鲜明对比的是，"三良"——叔詹、堵叔、师叔等大臣受到文公重用。

从郑庄公到郑文公，郑国为争夺君权经历了一系列的动荡。在这一背景下，公族与郑伯的关系一直比较紧张，长期面临被打击的命运，难以在政治上有所作为。非公族的势力有所发展，有些权臣参与了君位的废立，在政治上具有一定的地位，但影响的时间比较有限，一般及身而止，没有形成世卿。这种动荡的形势直到穆公即位后才出现转机。

二 穆、襄二公时期的转折

郑穆公名兰，文公之子，其母燕姞是文公的"贱妾"。当年文公驱逐群公子，子兰被迫流亡于晋国。因此，穆公即位为君的希望原本微乎其微。然而，穆公来到这个世界，多少有些神异。《左传》宣公三年记载：

> 初，郑文公有贱妾曰燕姞，梦天使与己兰，曰："余为伯鯈。余，尔祖也。以是为而子。以兰有国香，人服媚之如是。"既而文公见之，与之兰而御之。辞曰："妾不才，幸而有子。将不信，敢征兰乎？"公曰："诺。"生穆公，名之曰兰。

对鬼神故事情有独钟的墨子记载了类似的传说：

> 昔者郑穆公，当昼日中处乎庙，有神入门而左，鸟身，素服三绝，面状正方。郑穆公见之，乃恐惧，神曰："无惧！帝享女明德，使予锡女寿十年有九，使若国家蕃昌，子孙茂，毋失。"郑穆公再拜稽首曰："敢问神名？"曰："予为句芒。"（《墨子·明鬼下》）

---

① ［日］竹添光鸿：《左传会笺》，辽海出版社2008年版，第124页。《左传》通行本记载，"郑人杀子华"，而日本金泽文库本作"郑伯杀子华"。金泽文库本源自隋唐古本，似更近于《左传》原貌。

② 《左传》宣公三年："（郑文公）逐群公子。"

有人还根据穆公子兰父母的姓氏预言："姬、姞耦，其子孙必蕃。"①后来，穆公夫人为他生下十三子：夷（子貑）、坚、去疾（子良）、喜（子罕）、騑（子驷）、子丰、发（子国，子产之父）、嘉（子孔）、偃（子游）、子印、子羽、子然以及士子孔（杜预《左传集解》襄公二十六年）。

当然，穆公之所以能继承郑公大位，不是因为出身的神异。与那些因权力斗争而丧命的兄弟们相比，他侥幸活了下来，而且得到了当时中原霸主——晋文公的大力扶持。郑文公去世时，他众多的儿子中只剩下了子兰。子兰流亡晋国，追随晋文公。《左传》僖公三十年记载："初，郑公子兰出奔晋，从于晋侯。伐郑，请无与围郑。许之，使待命于东。"于是"郑石甲父、侯宣多逆以为大子，以求成于晋，晋人许之"。子兰出身卑微，但受到晋国支持，便于郑国权臣控制。诸多因素因缘际会，将穆公推上了君位。于是，"晋、郑感其贤，反而立之"②。上述传说，大约是在穆公即位及后来穆族壮大之后才流传或者附会出来的。

穆公以卑微之身即位，权势不稳，所以特别需要巩固权力。就郑国而言，庄公末年以后外部环境日趋险恶。齐桓、晋文先后称霸于中原，南邻楚国也开始威胁到郑国。《左传》桓公二年记载："蔡侯、郑伯会于邓，始惧楚也。"迫于外部的压力，郑国内部争斗有所弱化。上述神秘传说的存在一定程度上可以为穆公的统治增加神佑的色彩，但他迫切需要的是更为实际的支持。

穆公即位之初，有拥立之功的石甲父、侯宣多等异姓重臣是他不得不依靠的力量，但与此同时，他也开始吸纳公族成员充实自己的政权基础。穆公三年，侯宣多发难，穆公迅速平息叛乱（《左传》文公十七年）。原本由非公族的皇武子担任的执政之职，改授公子归生（字子家）③。郑国立国以来，执政首次明确由公子担任。此人具体世系尚不清楚④，但既称"公子"，则必属公族。权力天平开始向公族倾斜。以穆公为界，文公之

---

① 《左传》宣公三年："吾闻姬、姞耦，其子孙必蕃。姞，吉人也，后稷之元妃也，今公子兰，姞甥也。天或启之，必将为君，其后必蕃，先纳之可以亢宠。"
② （清）高士奇：《左传纪事本末》，中华书局1979年版，第611页。
③ 杨伯峻：《春秋左传注》，中华书局1990年版，第526页。《春秋》文公二年，"冬，晋人、宋人、陈人、郑人伐秦"。同年《左传》记载，"晋先且居、宋公子成、陈辕选、郑公子归生伐秦，取汪，及彭衙而还"。鲁文公二年为郑穆公三年，其时公子归生已是郑卿。
④ 一说，归生乃灵公夷之弟，则归生为穆公子。详见杨伯峻《春秋左传注》，中华书局1990年版，第526页。

前司空见惯的君位之争以及为此而打击公族的种种事件不再见于文献记载。郑国从庄公到文公之间对公族的打击政策至穆公时期基本停止。

穆公在位达二十二年，时长虽然不及庄、文二公在位年数①，但足以使公族得到恢复。当他去世的时候，如公子弃疾、子良与公子坚等不但成人，而且可能建立起自己的家族并具有一定的实力。

穆公去世后，太子夷继位，是为灵公②。不及一年，郑国君臣内斗再起，公子宋与公子归生杀死郑灵公③。灵公短祚而亡，又无后④，所以郑国必须在其兄弟辈中选立新君。按照周人传统，"大子死，有母弟，则立之；无，则立长。年钧择贤，义钧则卜"⑤，郑人首先推举子良（公子去疾）。子良推辞，认为"以贤，则去疾不足；以顺，则公子坚长"。于是公子坚被拥立为君，是为襄公。

襄公具有弱势即位的背景，为巩固君位，即位之初曾想驱逐众兄弟，但遭到子良的坚决反对。《左传》宣公四年记载：

> 襄公将去穆氏，而舍子良。子良不可，曰："穆氏宜存，则固愿也。若将亡之，则亦皆亡，去疾何为？"乃舍之，皆为大夫。

襄公的转变虽然具有一定的戏剧性，但是应当看到，襄公驱逐穆氏（族）的出发点是巩固自身地位，但在认识到穆氏巩固权位的价值后，放弃驱逐并重用穆氏（族）也在情理之中。

类似选择也见于宋昭公。据《左传》记载，宋昭公即位之初也曾想驱逐群公子，其大夫乐豫则劝谏道：

> 不可。公族，公室之枝叶也；若去之，则本根无所庇荫矣。葛藟犹能庇其本根，故君子以为比，况国君乎？此谚所谓"庇焉而纵寻斧焉"者也。必不可。君其图之！亲之以德，皆股肱也，谁敢携贰？若之何去之？（《左传》文公七年）

乐豫将公族与公室的关系比作枝叶与本根的关系。如果对君位没有觊

---

① 武公在位四十三年，文公在位四十五年。
② 子夷先谥为"幽"，鲁宣公十年后改谥为"灵"。
③ 据《春秋》经与《左传》宣公四年记载。
④ 《左传》昭公二十六年："子貉（郑灵公）早死，无后。"
⑤ 《左传》襄公三十一年，穆叔反对鲁立昭公，引此为据，并称"古之道也"。

觊之心,公族确实是公室最可靠的屏障,能起到捍卫公室的作用,但如果有人不甘心只做辅佐,那么公族对公室的危害可能远甚于异姓。故公族与公室的关系,要区别不同的情况分别对待。对于宋昭公而言,他根本就没听进乐豫的劝谏,直到宋国公族穆、襄之族率国人以攻公,才不得不让步,被迫和解之后,宋昭公才暂时保住君位。

对郑襄公而言,在他即位之初,诸穆,尤其是子良,其实是他必须依靠以同权臣子家一党对抗的力量,故当子良表示将随诸穆一同出亡之后,郑襄公立即改变主意,不但未驱逐诸穆,反而"皆为大夫"。放弃对诸穆的驱逐乃是襄公顺应时势的明智之举。当然,对于诸穆而言,没有襄公的宽容,他们可能身家不保,"弃官,则族无所庇"(《左传》文公十六年),也难以跻身政坛,更没有日后的作为。

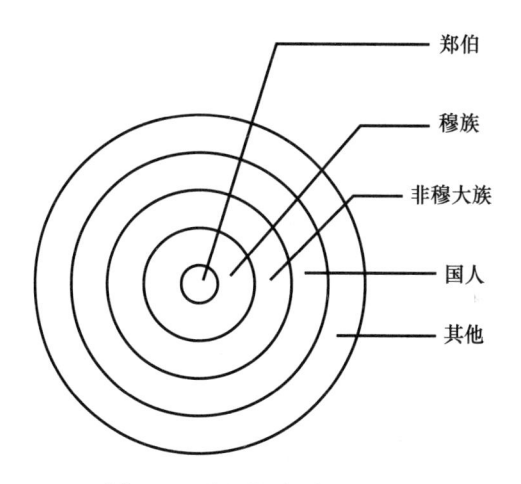

图2-1 郑国权力圈层示意图

（同心圆由内向外：郑伯、穆族、非穆大族、国人、其他）

襄公以后,穆公诸公子建立并壮大自己的家族,郑国政治生态开始发生显著变化。一个以郑伯为中心,由穆族长期掌握政权的政治权力新格局逐步形成。位居权力中心的是郑伯(公)。历经昭、厉诸代的长期动荡,郑伯的权力在穆、襄二公时期有所恢复,郑国各阶层拱卫着这个中心。与他最近的是穆族,作为穆公后裔,他们在襄公时期开始登上政坛,在随后的岁月里迅速成长,全面掌控郑国内外大权。穆族之外,则是其他大族,他们首先是襄公以后历代郑伯的兄弟和子嗣建立的家族,即公族（在襄公子嗣成年立族前,穆族在宗法上兼有这种身份;襄公子嗣立族后,穆族在宗法上逐渐远离血缘中心),其次是其他来源的大族或同姓,或异姓,在郑国政坛长期存在,但权力和影响都弱于穆族,这里统称为"非穆大族"。在非穆大族之外是"国人",家族实力弱小,但数量众多,是郑国政治统治所依赖的重要力量。在他们之外,是权力地位最为弱小的臣妾仆役之类,这里统一归结为"其他"类。

(一) 穆族与郑伯和其他大族的关系

穆族是在对郑伯的支持中崛起的。早在襄公继位的过程时,子良就以为公子坚既"顺"且"贤"而甘愿辞去君位,表现出难得的让贤风范。郑襄公八年,楚庄王围郑,襄公请降,子良代表郑国前往楚国担当人质。这年六月,晋以救郑为名出师,与楚交战于邲。这一系列动荡的起因,是郑国大夫石制企图借楚人之手分裂郑国,并改立公子鱼臣为君。邲之战后,"郑人杀仆叔(公子鱼臣)及子服(石制)"。《左传》中"君子"对此事评论道:"史佚所谓'无怙乱'者,谓是类也。《诗》曰:'乱离瘼矣,爰其适归',归于怙乱者也夫!"(《左传》宣公十二年)从史籍中的相关记载来看,石制之乱,郑大臣中参与的并不多,一些大臣并不赞成从楚,但也企图借机渔利。以子良为代表的穆族,则在动乱中一直坚定地站在郑伯一边①。

襄公在位十八年后去世,其子费继位,是为悼公。悼公二年而卒,于是成公继位。郑成公三年,"晋人讨其贰于楚也,执诸铜鞮。"(《左传》成公九年)当时,郑大夫公孙申建议:"伪将改立君者,而纾晋使,晋必归君。"② 公子班听假戏真做,拥立公子繻即位,但遭到郑人抵制。"夏四月,郑人杀繻,立髡顽。子如(即公子班)奔许。"髡顽是成公太子,改立髡顽显示郑人对郑伯权力正统的坚守。这一策略虽然也一度奏效,晋人曾准备放成公归国,但是晋国的态度随后又趋强硬,率诸侯之师伐郑。只是在"郑子罕赂以襄锺,子然盟于修泽,子驷为质"之后,晋人才放成公回国。回国以后,成公"讨立君者",杀死非穆族的叔申、叔禽(《左传》成公十年)。三年后,公子班返国,穆族的子印、子羽被杀,子驷则帅国人消灭其党羽(《左传》成公十三年)。从事件的过程来看,非穆族虽然未必真的有意动摇成公的权力正统,但是在立君问题上的轻率举动,导致其政治地位又一次遭受打击。穆族在这场拥

---

① 《左传》宣公十二年记载,晋楚邲之战前,郑大夫皇戌派人对晋军说:"郑之从楚,社稷之故也,未有贰心……子击之,郑师为承,楚师必败。"但晋大夫栾武子则认为:"子良,郑之良也。师叔,楚之崇也。师叔入盟,子良在楚,楚、郑亲矣。来劝我战,我克则来,不克遂往,以我卜也,郑不可从。"

② 《左传》成公九年记载:"郑人围许,示晋不急君也。是则公孙申谋之,曰:'我出师以围许,为将改立君者,而纾晋使,晋必归君。'"

立之争中尽管也付出了巨大代价,但是对成公地位的成功维护却使其政治地位进一步巩固。

成公去世后,太子髡顽继位,是为僖公。郑国君臣交恶,僖公被执政子驷所杀。按照《史记》《左传》的记载,子驷杀僖公,是由于僖公"无礼"。《左传》襄公七年记载:

> 郑僖公之为大子也……与子罕适晋,不礼焉;又与子丰适楚,亦不礼焉。及其元年,朝于晋。子丰欲诉诸晋而废之,子罕止之。及将会于鄬,子驷相,又不礼焉。侍者谏,不听。又谏,杀之。及鄵。子驷使贼夜弑僖公,而以疟疾赴于诸侯。

《史记·郑世家》也记载:

> 郑相子驷朝釐公,釐公不礼。子驷怒,使厨人药杀釐(僖)公。赴诸侯曰"釐(僖)公暴病卒"。

然而,按照《公羊传》和《谷梁传》的解释,僖公之死源于对外政策上的分歧。《公羊传》襄公七年:

> 郑伯将会诸侯于鄬,其大夫谏曰:"中国不足归也,则不若与楚。"郑伯曰:"不可。"其大夫曰:"以中国为义,则伐我丧;以中国为强,则不若楚。"于是弑之。

《谷梁传》襄公七年:

> 郑伯将会中国,其臣欲从楚,不胜,其臣弑而死。

无论是礼仪之争,还是政见分歧,僖公被杀都属于个案。在穆族崛起的过程中,穆族总体上是郑伯权力的维护者。僖公死后,子驷立僖公子嘉为君,是为简公。

穆族崛起过程中,始终也面临与非穆族的权力竞争。

如上所述,襄公即位之初对穆族采取了宽容政策,但在执政前五年,所重用的却还是子家一党。执政一职仍由子家担任。如前所述,子家担任执政始于穆公三年之前,至穆公去世时已近二十年。灵公遇害,子家是元凶之一，非但没有受到惩处，反而继续执政。子良虽有拥立之功，但并未因此立即担任执政。襄公三年，子家的同党——公子宋参加郑、晋两国的媾和，并陪同襄公参加列国会盟（《谷梁传·襄公七年》）。顾栋高认为，"公子宋与归生同弑君，而相郑伯以会诸侯，则知是年归生犹秉政"①。他们当政期间，灵公被命以恶谥——"幽"②。对襄公而言，子家一党在血统上不会对自己的地位构成威胁，同时可借以平衡穆族影响，这或许是襄公继续重用子家一党的主要原因。有资格为卿的非穆家族人士也不止子家、子公。如郑襄公二年，公子曼满欲为卿，反对者只说他"无德而贪"，却并不质疑其出身（《左传》宣公六年）。言下之意，如果有德不贪，则仍有可能为卿。随着子家的去世，事态发展才出现有利于穆族的转机。《左传·宣公七年》记载：

> 郑子家卒。郑人讨幽（灵）公之乱，斲子家之棺而逐其族。改葬幽公，谥之曰"灵"。

子家的同党——子公的结局如何，虽然未见文献记载，但从归生的下场推断，可能也难得善终。

子家之后，郑国卿职由穆族垄断，最高官职——执政无一例外均出自穆族，穆族全面掌控郑国政权。当然，为了扩大统治基础，一些重要职位和职事仍可见非穆族人士的身影。如成公时期的石㚟担任大宰（《左传》襄公十三年），侯獳③陪同大子髡顽出使楚国充当人质（《左传》成公十七年）等。

非穆家族虽然失势，但他们眷恋着祖先的荣光，努力维持着自己的存在。这一点从春秋郑器《与兵壶》的铭文可见一斑④：

---

① 顾栋高：《春秋大事表》，中华书局1993年版，第1921页。
② 据《逸周书·谥法解》，以"幽"为谥的情况有三："蚤孤有位（《史记正义·序例》引作'铺位'）"，"壅遏不通"以及"动祭乱常"。穆公在位时期公子夷就参与政治活动，可见早已成人，非"蚤孤有位"，只能是"壅遏不通"或"动祭乱常"。孔颖达《左传正义》宣公十年释"幽"为"动静（祭）乱常"，可通。
③ 侯氏一族在郑国较有势力，文公、穆公之间的侯宣多能影响君主的废立。穆公初年，侯宣多曾发动叛乱。
④ 释文据李学勤《春秋郑器与兵方壶论释》（《松辽学刊》2001年第5期）。另参王人聪《郑大子之孙与兵壶考释》，载《古文字研究》第二十四辑，中华书局2002年版，第235页。

佳（惟）正五月初
吉壬申，余郑
大（太）子之孙与
兵，择余吉金，
自乍（作）宗彝，其
用享用孝，于
我皇俎（祖）文考，
不（丕）敕菩（春）穊（秋）岁
棠（尝）。余严敬兹
裡，䚅（盟）穆趄（熙熙），至
于子孙，参拜
项首于皇考
剌（烈）俎（祖），卑（俾）万世
无諅（期），亟（极）于后
民，永宝教之。

李学勤先生认为，铭文中所称"太子"指郑文公太子——子华①。子华未曾即位，其后裔家族仍然引以为荣。在穆族掌控郑国政权的情况下，一旦时机适当，他们也可能对穆族的权位发起挑战。

郑简公元年，郑国"群公子"以僖公之死为借口，企图谋杀子驷。子驷先发制人，"辟杀子狐、子熙、子侯、子丁。孙击、孙恶出奔卫"。（《左传》襄公八年）简公三年又爆发"西宫之难"。《左传》襄公十年记载：

> 初，子驷与尉止有争，将御诸侯之师，而黜其车。尉止获，又与之争。子驷抑尉止曰："尔车非礼也。"遂弗使献。初，子驷为田洫，司氏、堵氏、侯氏、子师氏皆丧田焉。五族聚群不逞之人因公子之徒以作乱。

此次"西宫之难"中，穆族四位主要当政者——当国子驷、司马子国、司空子耳和司徒子孔中前三位均遇害。但由于包括子产在内的穆族子弟的反击，穆族并未被击垮。

---

① 李学勤：《春秋郑器与兵方壶论释》，《松辽学刊》2001年第5期。

（二）穆族内部的关系

穆族最终成长为掌控郑国政权的集团，还在于穆族内部经历的整合。

作为一个家族集团，穆族首先需要消弭的是其内部由于出身差异所导致的纷争。《左传》襄公十九年记载：

> 子然、子孔，宋子之子也；士子孔，圭妫之子也。圭妫之班亚宋子，而相亲也；二子孔亦相亲也。僖之四年，子然卒；简之元年，士子孔卒。司徒孔实相子革、子良之室，三室如一。

郑穆公一生共有十三子，但并非一母所生。灵公夷是穆公少妃姚子所生（《左传》昭公二十八年）。子罕、子驷、子丰"同生"，即一母所生（《左传》襄公三十年）。三人母亲之名未见记载。子然、子孔为宋子所生，士子孔乃圭妫之子。其他诸子何人所生，哪些又"同生"，史书均未见记载。生母的不同以及生母之间的关系，都是影响穆族各支关系的重要因素。

据《左传》襄公八年记载，"西宫之难""子孔知之，故不死"。而《史记·郑世家》则明确记载，"相子驷欲自立为君，公子子孔使尉止杀相子驷而代之"。子孔对"西宫之难"所持的态度暴露出他与子驷等穆族其他分支之间的不合。

襄公继位前，子良声望最高，几乎继位为君。襄公继位第五年（前600），子良开始执政。① 至成公元年（公元前584年），子良仍陪同成公出访，其担任执政的时间长达十七年。子良之后，从成公三年（前582）到僖公元年（前570），子罕执政九年。子罕之后，子驷"当国"，从僖公二年（前569）到简公三年（前563年）西宫之难遇害为止，任职共六年多。罕、驷、丰三家，同出一母，关系密切如一。子罕、子驷接连执掌郑国大权，显示站在其身后的三家势力在穆族各支中较为强盛。子驷当国时，参与政要的还有子国（国氏，任司马）、子耳（良氏，任司空）与子孔（孔氏，任司徒）。尤其是子耳，其父子良虽然去世，但是他还能担任要职，可见良氏没有因为子良的去职而中衰。西宫之难后，原本排在子驷、子耳、子国之后的子孔走到郑国权力前台。

其次，穆族还要努力避免专权倾向。如前所述，子驷专权引发君臣关

---

① （清）顾栋高：《春秋大事表》，中华书局1993年版，第1921页。

系紧张，还危及自身性命。子孔当国之后，有过之而无不及。《左传》襄公十年记载：

> 子孔当国，为载书，以位序、听政辟。大夫、诸司、门子弗顺，将诛之。子产止之，请为之焚书。子孔不可，曰："为书以定国，众怒而焚之，是众为政也，国不亦难乎？"子产曰："众怒难犯，专欲无成，合二难以安国，危之道也。不如焚书以安众，子得所欲，众亦得安，不亦可乎？专欲无成，犯众兴祸，子必从之！"乃焚书于仓门之外，众而后定。

子孔的专权在司马迁的笔下被记载为"欲自立"：

> 子孔又欲自立。子产曰：'子驷为不可，诛之，今又效之，是乱无时息也。'于是子孔从之而相郑简公。（《史记·郑世家》）

如果说子驷的专权还只是针对非穆大族，子孔的专权却引发了穆族的反抗。在子产的劝说下，子孔一度收敛，但不久又企图借助楚人的力量实现其图谋。

郑简公十一年，"郑子孔欲去诸大夫，将叛晋而起楚师以去之"。楚军一度攻至郑国都城的纯门，此即"纯门之师"（《左传》襄公十八年），只是由于天寒多雨而未得逞。国人对子孔的忍耐达到极限，在他当权九年后，杀死子孔并驱逐其家族：

> 郑子孔之为政也专，国人患之，乃讨西宫之难与纯门之师。子孔当罪，以其甲及子革、子良氏之甲守。甲辰，子展、子西率国人伐之，杀子孔，而分其室。（《左传》襄公十九年）

如果说子驷专权，主要是针对非穆大族，他遇害后，穆族子弟尚能挺身复仇，那么子孔的专权后，连穆族都起来与全体国人清算子孔了。

子孔的专权引发了穆族的统治危机。由于穆族及时进行自我调整，与国人一起中止了子孔的统治。执政一职由子展继任，郑国政局继续在穆族掌控之中。

第二节 从穆族到"七穆"

"七穆"是穆族的阶段性称谓,语出《左传》襄公二十六年:"(晋)叔向曰:'郑七穆,罕氏其后亡者也,子展俭而壹。'"然而"七穆"的具体所指,即包括哪些家族,《左传》并未具体说明,由此而造成后世理解上的长期纷争。

欲了解"七穆"之实,原本有诸如《世本》一类谱牒资料可资查考。然而,"谱牒独记世谥,其辞略"(《史记·十二诸侯年表》)。先秦谱牒文献原本语焉不详,加之散佚严重,至汉初,即便是司马迁这样占有文献之便的史家在世系问题上也可能做出误判。在《史记·郑世家》中,司马迁认为,"缪(穆)氏者,杀灵公、子公之族家也"。按照他的解释,缪(穆)族只是一个家族的名称,这与《左传》"七穆"之说明显相悖。

一 "七穆"谱系的经学建构

两汉时期,"七穆"谱系才开始文献建构。与《史记》缪(穆)氏只有一族的观点不同,东汉王符在其《潜夫论·志氏姓》中列出的穆族家族数多达十个:

> 轩氏、驷氏、丰氏、游氏、国氏、然氏、孔氏、羽氏、良氏、大季氏。十族之祖,穆公之子也,各以字为姓。

在这个名单中,直接见于《左传》的有"驷氏""丰氏""游氏""国氏""然氏""孔氏""羽氏"和"良氏"等八族;"轩"可能通"罕",则"轩氏"即《左传》之"罕氏"[①];"大季"则不见于《左传》。王符的名单尽管内容丰富,但是缺陷也很明显,那就是九个家族见于《左传》且被王符定为穆族,但它们与"七穆"是何关系,却不得而知。

魏晋时期,杜预在注解《左传》时,第一次对"七穆"的由来做了解释:"郑穆公十一子,子然、二子孔三族已亡,子羽不为卿,故唯言'七穆'。"此处杜预首先明确,郑穆公共有十一子;其次强调,前述《左

---

① (汉)王符撰,(清)汪继培笺:《潜夫论笺校正》,中华书局1985年版,第450—451页。

传》经文中，晋国叔向提到"七穆"的时候，穆公三子——子然、二子孔（子孔和士子孔）的家族已经灭亡，另一子子羽未担任卿，故其他七子的家族合称"七穆"。

作为杜预注解的进一步说明，唐陆德明交代了"七穆"所属各家族的具体名称及其渊源：

> 郑七穆谓子展公孙舍之，罕氏也；子西公孙夏，驷氏也；子产公孙侨，国氏也；伯有良霄，良氏也；子大叔游吉，游氏也；子石公孙段，丰氏也；伯石印段，印氏也。穆公十一子，谓子良，公子去疾也；子罕，公子喜也；子驷，公子騑也；国，公子发也；子孔，公子嘉也；子游，公子偃也；子丰也；子印也；子羽也；子然也；士子孔也。子然、二子孔已亡，子羽不为卿，故止七也。①

而据《新唐书》记载，当时对春秋谱系颇有研究的武平一对"七穆"的解释与陆德明如出一辙：

> 初，崔日用自言明《左氏春秋》诸侯官族。它日，学士大集，日用折（武）平一曰："君文章固耐久，若言经，则败绩矣。"……（崔）日用曰："……郑七穆，奈何？"（武平一）答曰："……郑穆公十一子，子然及士子子孔三族亡，子羽不为卿，故称七穆，子罕、子驷、子良、子国、子游、子印、子丰也。"一坐惊服。②

由此可见，唐代初年，对于七穆的具体内涵已经形成共识。随着《春秋左传正义》作为官方推崇的经典注本的广泛传播，"七穆"俨然成为经典知识的一部分而得到普遍认可。

二 经、史冲突下的"七穆"谱系

就经义本身而言，从杜预到陆德明的注解持之有故，言之成理，在经学系统完成了"七穆"谱系的建构。然而一旦引入史学，关于穆族认识的分歧就无法真正消弭。

如前所述，《史记·郑世家》有"缪（穆）氏"乃"子公之族家"

---

① 《春秋左传正义》，（清）阮元校刻：《十三经注疏》，中华书局2009年版，第4321页。
② （宋）欧阳修、宋祁：《新唐书》，中华书局1975年标点本，第4294页。

的观点。如果《史记》的说法成立，则《左传》的记载可能就难以成立，杜预、陆德明的注解便失去存在的前提。由于《史记》在长期流传中实际上获得了某种经典的地位，其一家之言的影响并非无足轻重。

同样，在杜预、陆德明注解已经经典化的宋代，郑樵编写《通志》时，也并没有照搬杜、陆的观点。他在《通志·氏族略·郑人名》一节的"丰氏"条后写道：

> 穆公之子皆以王父字为氏。公子去疾字子良，其后为良氏，良霄、良止是也。公子喜字子罕，其后为罕氏，罕虎、罕魋是也。公子騑字子驷，其后为驷氏，驷带、驷乞是也。公子偃字子游，其后为游氏，游吉、游眅是也。以至子孔、子国、子印、子然皆然。惟公子丰无字，其后为丰施、丰卷，并以名为氏。①

郑樵在上文集中列举了八个家族，随后又列出源自穆公的其他四族——兰氏、然氏、子然氏和去疾氏，其中"良氏"是一族两名，还是两族，原文未作说明。在郑樵那里，何为七穆，也没有明确的答案。

在《世本》的辑本中，关于郑国穆族的分歧依然如故。从南宋到清代，《世本》的辑本多达十几种，留存至今的就有八种，各本穆族名单如下：②

表 2-1　　　　　《世本》各辑本穆族名单一览

氏名	陈其荣增订本	雷学淇校辑本	茆泮林辑本	孙冯翼集本	王谟辑本	张澍稡集补注本	王梓材本	秦嘉谟辑本
去疾	√	√	√	√	√	√		√
子游	√	√	√			√	√（游）	√
子孔	√		√			√	√（孔）	
子国	√	√	√					
子罕	√		√			√	√（罕）	√（子轩）
大季		√				√		

---

① （宋）郑樵：《通志》，中华书局 1995 年版，第 131 页。
② 本表依据《世本八种》（中华书局 2008 年版）制作。为行文简便，本表所有氏名均省略"氏"字；左侧第一列中出现的"氏"名，其他各列均以"√"标示；所指相同，但使用别称者在括号中标注别称。

续表

氏名	陈其荣增订本	雷学淇校辑本	茆泮林辑本	孙冯翼集本	王谟辑本	张澍稡集补注本	王梓材本	秦嘉谟辑本
子驷			√			√	√（驷）	√
子然			√			√	√（然）	
子丰							√（丰）	
子印							√（印）	√
羽								√
良	√	√	√	√	√	√	√	√（子良）
兰								
子晳								√
子南								
伯有								√
东里								
浑								√
相里							√	

《世本》辑录的时代，正是"朴学"（即考据之学）盛行的时代。关于郑国"七穆"，尽管有作为经典的《左传》的记载及其权威注解，但是各辑本仍然采用了与经典和经义有所出入的种种佚文，显示出清代学术求真的一面，但面对众多史料，八家辑录者对郑国穆族的全貌和七穆的具体名称并没有展开系统的考证，由此也可以看出经学的影响力仍然巨大。

尽管如此，史实和经义并非天然对立。作为经学的附庸，中国传统史学原本就是为印证和阐发经典而存在。经学不言自明或者语焉不详的文字，史学可以以史实做出自己的解读。在前述从《世本》《史记》《潜夫论》到《通志》的众多文献背后，有一大批或真或伪的史料，对春秋郑国的贵族世系做出与《左传》不尽相同的解释。面对这一问题，清代史学家马骕试图做如下调和：

> 穆公十三子。灵、襄嗣位，其十一人为大夫。公子嘉诛，子然、士子孔之子出亡。其罕氏、驷氏、国氏、良氏、游氏、丰氏、印氏，是为"七穆"，外有羽氏，非卿，故不在"七穆"之中。[1]

---

[1] （清）马骕：《绎史》，中华书局2002年版，第31页。

可以看出，马骕对"七穆"的解释，既保留了杜预、陆德明的基本框架，又点出灵、襄二公作为穆公之子的事实。至此，一个原本并不复杂的世系问题，终于可以从形式上得出一个比较圆通的解说。但马骕没有说明的是，为什么在长达上千年的时间里，古代学者明知灵、襄二公是郑穆公之子，但是为何却总是说"穆公十一子"。

20世纪七八十年代，面对历代文献的种种语焉不详，学者骆宾基曾撰文《郑之"七穆"考》，质疑杜预、陆德明的观点，认为杜注"郑穆公十一子"的说法"大误"，陆德明"又循杜预之误举出十一家"。在他看来，穆公只有七子，七穆是即夷（灵公）、坚（襄公）、子良、子罕、子驷、子丰和子貉等七人建立的家族。① 骆文的出发点是要廓清历代文献关于"七穆"的迷雾，可惜结论仍然不能成立。

三 礼制背景与"七穆"谱系

要厘清"七穆"谱系的确切内容，除了跳出经义和史实的纠葛，还需考虑宗法和家族势力对当时称谓习惯的影响。

如前所述，无论杜预、陆德明，还是武平一，在说明穆族构成时，都只说到"郑穆公十一子"，而不曾提及同为郑穆公之子的郑灵公和郑襄公。从血统上说，穆公子嗣可考者十三人。公子夷和公子坚为穆公之子的事实，杜预、陆德明也从无异议。他们所谓的"穆公十一子"，实际上是就宗法而言。按照周制，郑灵公和郑襄公虽然是穆公之子，但既然继承君位，就是"百世不迁之宗"。"别子为祖，继别为宗"（《礼记·大传》）的穆公十一位公子如果有条件，可以建立自己的宗族（"氏"）。在诸侯国内，国君作为一国之宗，是无"氏"可言的。因此，立"氏"的"穆公十一子"是不包括夷、坚二子的。

明代学者傅逊曾经指出：

> 使诸侯之子若孙皆为大夫，其孙皆以王父字为氏而世其官，则一国中何其大夫之多，尽其官而官之亦不胜矣。盖虽均为公子公孙，必其有功于国，为时君所宠任者，始命之氏而世其官，若鲁季友援立僖公，郑子良以国让襄公，而三桓、七穆始盛于鲁、郑，皆天所启也。又或立国之初，其子孙以父祖之烈亦得世其卿，非概以公子公孙而官

---

① 骆宾基：《郑之"七穆"考》，《文献》第二十一辑，书目文献出版社1985年版，第40—48页。

之，至公孙之子以王父字为氏也。①

就"七穆"而言，这一称谓的出现，除了宗法上的原因——同出于郑穆公，更主要的原因在于，他们拥有显赫的家族权势，而血源祖先的谥号前添加的数字，只表示所指称的强势家族的数目，并不是同出家族的全部。共同的血缘是它们得以命名的必要条件，但关键因素却是该家族的政治影响力。普通或者弱势家族则没有这种称谓，即便它们出于同一个祖先。所谓"子羽不为卿"而不计入七穆，不是说不为卿就不能立族，而是说他建立的宗族力量弱小，不能与罕氏等七家大族相提并论。"七穆""三桓"等称谓前的数字，说明的仅仅是强势集团内所包含的家族数目，却不是其命名的必要条件。春秋时期，有时人们称呼同出一脉的强宗大族集团时只用"某（祖先谥号）族"的格式，而不附带数字前缀，如宋国的桓族、戴族等。郑"七穆"亦可称为"穆族"。

"七穆"的名义的探究，不仅涉及史料本身的研判，而且受制于经、史文献的解读，还关乎对春秋礼制和具体历史背景的认识。只有将上述因素充分结合，才能做出符合史实的解释。

第三节　子产的从政

在穆族发展史上，随着子产步入政坛，一个新的历史阶段从此开启。借由穆族出身，子产很早就步入政坛，名列卿位共计32年（前554—前522），其中担任执政、总揽郑国政局又长达21年（前543—前522年）。子产的从政活动书写了穆族发展的新篇章，对郑国世卿政治的发展也产生了深刻的影响。

一　身世问题

子产的身世原本是基本清楚的。按照《左传》记载，子产是郑穆公之子发（字子国）的嗣子，故子产当属穆族。然而，《史记》别出新说，认为子产非穆族，而是"郑成公少子"（《史记·郑世家》）。长期以来，采信《左传》观点的学者固然居多，但《史记》作为"一家之言"却也长期存世。子产的身世事关子产与穆族的关系，这里不能不有所辨析。

---

① （明）傅逊：《春秋左传注解辩误》卷上，明万历十三年日殖斋刻本。

《左传》中，子产与子国首次联系在一起，是鲁襄公八年郑国侵蔡侥幸成功时，子产表达担忧后遭到子国的训斥。在晋国，晋、楚鄢陵之战前，范文子也曾以类似的口气教训其子范匄（《左传》成公十六年）。此种情景，只有放在父子关系中来理解才合乎情理。

子产与子国的父子关系，在"西宫之难"后的一系列史料中可找到佐证。郑简公三年，尉止等制造了针对穆族执政集团的"西宫之难"，子国等遇害，子产率领私家武装参与平乱。日后子产"作丘赋"，郑人旧事重提，说"其父死于路，己为蛮尾，以令于国，国将若之何？"大夫浑罕也诅咒子产："国氏其先亡乎！""西宫之难"五年后，"郑人以子西、伯有、子产之故，纳赂于宋"。（《左传》襄公十五年）如果子产不是子国之子，这一系列记载又作何解释？

实际上，支持子国、子产为父子关系的史料不限于《左传》。《韩非子·外储说左下》明确指出："子产者，子国之子也。"① 《世本》还详细记载了子国、子产的家世：

> 郑穆公生子国发，发生子产侨简成子，侨生子思参，参生子玉珍，珍生子乐卑显庄子，为子国氏。②

杜预《世族谱》列举了"国氏"的家族世系如下：

> 国氏：子国（公子发、惠子、穆公子）——子产（少正、公孙侨、子美、成子）——国参（子思、桓子）。③

因此，子产是子国之子观点是可靠的。《史记》所谓子产为"郑成公少子"的说法应该是其众多疏略中的一个。班固曾指出：

> 司马迁据《左氏》《国语》，采《世本》《战国策》，述《楚汉春秋》，接其后事，讫于天汉。其言秦汉，详矣。至于采经摭传，分散数家之事，甚多疏略，或有抵牾（《汉书·司马迁传》）。

---

① （清）王先慎：《韩非子集解》，中华书局1998年版，第307页。
② （汉）宋衷注，（清）秦嘉谟等辑：《世本八种》，中华书局2008年版，"茆泮林辑本"第55页。
③ （晋）杜预：《春秋释例》卷八，清乾隆五十年至嘉庆十四年兰陵孙氏刻岱南阁丛书本。

后世学者因《史记》总体成就而对其疏略存而不论，实际上放任了错误观点的传播，这对正确认识先秦古史造成不少纷扰。

子产历史记述，不是以野史常见的某种祥瑞开始，是因为他拥有一个早已声名显赫的家世，这是子产走上政坛的前提和基础。作为七穆之一，子产之父子国最晚至郑成公末年即担任司马（《左传》襄公二年），掌管郑国军事，清代姚彦渠甚至认为，子国是郑悼、成两公时期两执政之一①。此外，他还多次参加郑国的对外交往，是郑国对外政策的主要决策者之一，曾代表郑悼公出访楚国，与许国展开诉讼（《左传》成公五年），还代表郑僖公出访鲁国（《左传》襄公二年）。子产的家族，除了作为贵族应有的封邑和族众，最突出的表现是拥有一支战斗力很强的私家武装。"西宫之难"时，子产出动平叛的兵车达十七乘，其家族实力着实不可小觑（《左传》襄公十年）。子产后来又担任卿职，参与郑国政治长达30余年，其中担任执政超过20年。按照礼制通例，"孙以王父字为氏"（《公羊传》成公十五年），子产一族在其在世就被称为"国氏"，即以父字为氏名。这应该理解为子产所在家族和以七穆为代表的整个穆族家族实力的快速成长。子产去世后，其子子思（名参，谥桓子）也担任过卿职，继续活跃在郑国政坛。因此，子产的家族是一个典型的世卿家族。

二 从"童子"到为卿

在家族的荫庇和熏陶下，子产很早就在政治上崭露头角。据《左传》襄公八年记载：

> 郑子国、子耳侵蔡，获蔡司马公子燮。郑人皆喜，唯子产不顺，曰："小国无文德，而有武功，祸莫大焉。楚人来讨，能勿从乎？从之，晋师必至。晋、楚伐郑，自今郑国不四五年弗得宁矣。"子国怒之曰："尔何知！国有大命，而有正卿，童子言焉，将为戮矣！"

这里的"童子"往往被学者据以推测年龄和出生年份。由于对"童子"的具体年龄界限认识不同，学者们对子产当时年龄做出了不同的推测。有的学者认为，子产当时大约十八九岁，生年当在公元前583年——

---

① （清）姚彦渠：《春秋会要》，中华书局2009年版，第20页。

582 年（鲁成公九年—十年）间。① 有的则认为当时的子产只有十四岁，生年当在公元前 578 年（鲁成公十三年）。② 然而，古代文献关于"童子"的年龄范围其实并无明确标准。《左传》成公十六年记载，晋、楚鄢陵之战期间，晋国的范匄向晋军将领出谋划策，其父范文子呵斥范匄曰："国之存亡，天也，童子何知焉？"这里的"童子"身在行伍，且能出谋划策，即使年轻，但也大体成年。另，襄公三十年记载，担任灵王御士的单公子愆期被灵王称为"童子"，但也应成年。综合以上史料可以看出，"童子"作为称谓往往是年长者或长辈对年轻人的称谓，十八九岁甚至年龄更大一些都有可能被称为"童子"。子国称子产为童子当即此理。作为称谓，"童子"带有轻视他人年龄的意味，也可以用以自谦。例如，周礼规定，"凡在丧，王曰'小童'，公侯曰'子'"（《左传》僖公九年）。继位新君的年龄各不相同，或但都称自称"小童"或"子"。另外，诸侯夫人也有自称"小童"的习惯。《论语·季氏》曰："邦君之妻，君称之曰夫人，夫人自称曰小童，邦人称之曰君夫人。"可见与实际年龄无关。如果"童子"这个称谓能给我们了解子产的年龄提供一点线索的话，那应该表示，鲁襄公八年时子产尚处青年，至于当时的确切年岁，尚需更多史料才能确定。

青年子产在政治上的"发声"不是个案。周人重视宗法，嫡长子不仅在继承宗主地位时享有优先权，在日常生活中也掌握着家族事务大权。《周礼·小宗伯》："（小宗伯）掌三族之别，以辨亲疏。其正室皆谓之门子，掌其政令。"③ 在世族政治盛行的春秋时期，"育门子"不仅是家族事务，更是诸侯国内政的优先事项。④ 郑国穆族在其崛起过程中，十分重视给予穆族子弟以实际政治的历练机会。"门子"们即使还没有担任公职，也有参与政事活动的机会，国家重要政治活动和礼仪场合往往不乏其身影。由此，青年子产和穆族年轻子弟享有一定的政治发言权。《左传》襄公九年记载：

> 将盟，郑六卿，公子騑、公子发、公子嘉、公孙辄、公孙虿、公孙舍之及其大夫、门子，皆从郑伯。

---

① 参见关锋、林聿时《略论子产和老子》（《哲学研究》1959 年第 7 期）和白寿彝总主编的《中国通史》（上海人民出版社 1989 年版，第 3 卷，第 1066 页）。
② 李慎仪：《论子产》，《开封师院学报》1963 年第 2 期。
③ （清）孙诒让：《周礼正义》，中华书局 2015 年版，第 1732 页。
④ 徐元诰：《国语集解》，中华书局 2002 年版，第 403 页。

襄公十年又记载，子孔当国，行事专断，"大夫、诸司、门子弗顺"。也就是说，门子与担任公职的大夫、诸司共同构成反对子孔专权的力量，其势力之强，以致子产规劝子孔最终退让妥协。在此背景下，子产就郑国侵蔡问题发表意见，原本是他作为穆族门子实际享有的权利，是穆族子弟政治历练的一个缩影，绝非童言无忌。春秋以后，门子拥有政治上的发言权越来越成为各国通例。延续至战国，"门子好辩"之风盛行，主张控制言论的韩非子因而把它列为亡国的一项征兆①。

子产作为七穆子弟，既享有世卿子弟的权力和荣光，也不可避免地卷入郑国的权力冲突。

郑简公三年（前563），"西宫之难"事发。事件爆发时，穆族子弟表现不尽相同：

> 子西闻盗，不儆而出，尸而追盗。盗入于北宫，乃归，授甲，臣妾多逃，器用多丧。子产闻盗，为门者，庀群司，闭府库，慎闭藏，完守备，成列而后出，尸而攻盗于北宫，子蟜帅国人助之，杀尉止、子师仆，盗众尽死。侯晋奔晋，堵女父、司臣、尉翩、司齐奔宋。

面对父辈遭遇的不幸，子西张皇失措，子产则临危不乱。

叛乱平定后，子孔当国。他不吸取子驷被杀的教训，反而更加专权：

> 子孔当国，为载书，以位序、听政辟。大夫、诸司、门子弗顺，将诛之。子产止之，请为之焚书。子孔不可，曰："为书以定国，众怒而焚之，是众为政也，国不亦难乎？"子产曰："众怒难犯，专欲无成，合二难以安国，危之道也。不如焚书以安众，子得所欲，众亦得安，不亦可乎？专欲无成，犯众兴祸，子必从之！"乃焚书于仓门之外，众而后定。

在司马迁的笔下，子驷、子孔的专权被描述为企图自立为君。据《史记·郑世家》记载：

---

① 《韩非子·亡征》："群臣为学，门子好辩，商贾外积，小民内困者，可亡也。"见（清）王先慎《韩非子集解》，中华书局1998年版，第109页。

> 简公……三年，相子驷欲自立为君，公子子孔使尉止杀相子驷而代之。子孔又欲自立。子产曰："子驷为不可，诛之，今又效之，是乱无时息也。"于是子孔从之而相郑简公。

子产认识到，尽管穆族权势显赫，但是"众怒难犯，专欲无成"。为此，他建议子孔焚烧引起众怒的载书。事态发展表明，子产的建议是有见地的。子孔暂时收敛了专断作风，郑国政局恢复平稳。

经历了八年以上的历练，子产在政治上日趋成熟。郑简公八年，由于子产的出色表现，已经有人预言他将为"千乘之相"（《左传》襄公十五年）。郑简公十二年（前554），子孔的统治被推翻，"郑人使子展当国，子西听政。立子产为卿"。（《左传》襄公十九年）从此，子产正式登上郑国政坛。从郑简公十二年（前554）到郑简公二十三年（前543）是子产的"为卿时期"。

这一时期，子产参与了郑国多起重大内、外政治活动。郑简公十五年，晋国征召郑国前往朝见。子产以少正身份出访，申辩郑国忠诚于晋国，批评晋国征召郑国朝见之无礼。十七年，子产再访晋国，游说晋国执政之卿范宣子减轻郑国与其他诸侯国向晋国缴纳的沉重贡赋，并请求伐陈。十八年，子产与子展率兵伐陈。胜利后，子产前往晋国"献捷"。十九年，秦、楚伐郑，俘虏郑大夫印堇父。子产通过离间秦、楚，使秦国放还印堇父。同年，楚国在许国请求下伐郑。子产预见诸侯晋、楚即将弭兵，故而主张郑国不必御敌，结果郑国没有蒙受太大损失。二十年，晋、楚达成弭兵。二十一年，子产陪同简公朝楚。二十二年，吴公子季札来访。他告诫子产："郑之为政者侈，难将至矣。政必及子。子为政，慎之以礼。不然，郑国将败。"

与此同时，随着子展（罕氏）、子西（驷氏）去世以及伯有（良氏）开始执政，郑国"七穆"内部，驷、良两氏的矛盾由此日趋尖锐。季札来访的那一年，伯有派子晳（驷氏）出访楚国，子晳不从。两族为此几乎刀兵相见，幸亏郑国大夫居间调和，才使双方暂时结盟息争。郑大夫裨谌批评这种结盟是"长乱之道"。郑国要化解内部矛盾，子产才是希望之所在。郑大夫裨谌预言：

> 善之代不善，天命也，其焉辟子产？举不逾等，则位班也。择善而举，则世隆也。天又除之，夺伯有魄，子西即世，将焉辟之？天祸郑国久矣，其必使子产息之，乃犹可以戾。不然，将亡矣。（《左传》

襄公二十九年）

而暂时渡过政治难关的伯有不思进取，日夜纵酒。简公二十三年春，子产忧心忡忡地指出：

> 驷、良方争，未知所成。若有所成，吾得见，乃可知也……伯有侈而愎，子晳好在人上，莫能相下也。虽其和也，犹相积恶也，恶至无日矣。

不出子产所料，当年秋天，郑国内乱再起。子晳又以驷氏家兵讨伐伯有。驷、良两家都召子产助阵，而子产不愿穆族自相残杀。伯有被杀后，子产埋葬了伯有。驷氏欲置子产于死地，与驷氏关系密切的子皮（子展之子）劝阻道："礼，国之干也。杀有礼，祸莫大焉。"在子皮庇护下，子产不但免于杀身之祸，还被授予执政大权。子产推辞道："国小而逼，族大宠多，不可为也。"（《左传》襄公三十年）子皮表示，"虎（子皮名）帅以听，谁敢犯子？子善相之。国无小，小能事大，国乃宽"。在子皮与罕氏的支持下，子产终于成为掌握郑国最高行政职权的执政。

三 执政岁月

子产执政始于郑简公二十三年（前543），终于郑定公七年（前522），长达二十一年。

（一）子产与郑伯

春秋后期，随着卿大夫势力的崛起，一些诸侯国出现了卿大夫挑战、谋夺诸侯大位的现象。如鲁国季氏出其君，齐国"田氏代齐"，晋国先是六卿专政，最终"三家分晋"。让人不禁感慨"社稷无常奉，君臣无常位"（《左传》昭公三十二年）。穆族崛起以后，尤其是"七穆"掌权时期，郑伯在郑国的影响力相对下降。史家很自然地将此时的郑伯与鲁、齐、晋等国的没落君主相提并论。诚然，郑国多次出现内乱，如郑简公之前的子般之乱、襄公时期的石制之乱、成公时期的子般之乱、简公初期的西宫之难等，郑伯都是斗争双方争夺的对象。"七穆"专权格局形成后，驷、良两氏相争。郑伯事前与众大夫盟誓，事后又与众大夫以及国人分别盟誓。这对子产执政之后郑国政局的稳定不无推动。作为臣子，郑公孙黑肱（印氏）临终前要求族人，除了留下供给祭祀所必要的城邑外，"尽归其余邑"，并且告诫子嗣"敬共事君"。执政子展说，"国卿，君之贰（辅贰）也，民之主也。不可以苟"。（《左传》襄公二十二年）《史记》中确实有子驷、子孔作为权臣企图自立为君的记述，但其真实性原本存疑，而更为重要的是，他们的企图没有得逞。穆族作为整体，参与并领导了对子驷、子孔专权的反制和纠偏，因此总体上还是郑伯权力和地位的维护者。

子产从政以后，简、定二公在位。简公十九年（前547），子产率兵伐陈有功，简公欲赐子产"次路再命之服，先六邑"。子产认为："自上以下，降杀以两，礼也。臣之位在四，且子展之功也，臣不敢及赏礼，请辞邑。"子产的所作所为得到了舆论的高度肯定，当时就有人因此预言"子产将知政矣。让不失礼"。（《左传》襄公二十六年）执政之后，子产强调"畏君之威"是"国之大节"（《左传》昭公元年），谨守官职任命权归郑伯等的原则。例如，郑大夫子晳临死前请求子产任命其子驷印为褚师。子产说，"印也若才，君将任之；不才，将朝夕从女"。（《左传》昭公二年）

当然，随着穆族实力的上升，郑伯的实际权力不可避免要受到某种程度的制约与分割。关于这段历史，《韩非子》的两则记述有所反映。《外储说左上》：

> 子产相郑，简公谓子产曰："饮酒不乐也，俎豆不大，钟鼓竽瑟不鸣，寡人之事不一，国家不定，百姓不治，耕战不辑睦，亦子之罪。子有职，寡人亦有职，各守其职。"子产退而为政五年，国无盗贼，道不拾遗，桃枣之荫于街者莫有援也，锥刀遗道三日可反，三年不变，民无饥也。[①]

以上记述明显带有战国后期黄老思想"君无为、臣有为"的烙印，强调郑伯与子产各守本分。这是从分权的角度，反映子产从政时期郑国君臣之间权力的某种分割。而同书《外储说左下》记述：

> 子产忠于郑君，子国谯怒之曰："夫介异于人臣[②]，而独忠于主。主贤明，能听汝；不明，将不汝听。听与不听，未可必知，而汝已离

[①] （清）王先慎：《韩非子集解》，中华书局1998年版，第283页。
[②] 赵用贤曰："介异"，言介然异于人臣也。转引自（清）王先慎《韩非子集解》，中华书局1998年版，第307页。

于群臣。离于群臣，则必危汝身矣。非徒危己也，又且危父也。"

本则记述中，子产"独忠于主"，遭到其父子国反对，因为他担心这种"独忠"会导致与"群臣"的对立，从而危及家族利益和安全。

如果说在《左传》《韩非子》中，子产执政时期的郑伯形象多少都显得有些"柔弱"的话，在《史记》《说苑》等晚出的汉代文献中，郑伯的形象便"强硬"得多。《史记·郑世家》称："简公怒相子孔专国权，诛之，而以子产为卿。"这就是说，在诛灭子孔以及立子产为卿的过程中，郑简公才是关键角色。《说苑·尊贤》也认为，子产从政时期，郑国国家安宁的主导者是郑简公：

> 郑僖公富有千乘之国，贵为诸侯，治义不顺人心，而取弑于臣者，不先得贤也。至简公用子产、裨谌、世叔、行人子羽，贼臣除，正臣进，去强楚，合中国，国家安宁，二十余年，无强楚之患。

《史记》与《说苑》在郑简公历史作用的认识上都与《左传》存在差异。《史记》使用了与《左传》冲突的史料，而《说苑》与《左传》没有史料上的冲突。从大背景来看，汉代以后，君主专制意识深入人心。那些突出君主地位与作用的史料便更易于进入史家的视野。相比而言，成书较早的《左传》在这一方面可能更多地保留了历史原貌。

（二）子产与大族

《郑书》这部早已亡佚的郑国典籍告诫后人："安定国家，必大焉先。"清华简《郑武夫人规孺子》也记载："昔吾先君，如邦将有大事，必再三进大夫，大夫而与之偕图。"① 战国时期，孟子仍将大族的安抚作为统治的关键："为政不难，不得罪于巨室；巨室之所慕，一国慕之；一国之所慕，天下慕之。故沛然德教溢乎四海。"（《孟子·离娄上》）。

在子产时代郑国权力构成中，郑伯是权力的中枢，但掌握实权的主要还是"七穆"集团。支持子产执政的子皮相信，只要自己做表率听从子产，郑国就没有人不服从的。同样，如果掌握了穆族，则郑国其他各种政治势力（如图所示）就会服从子产的统治。

---

① 李学勤主编：《清华大学藏战国竹简［陆］》，中西书局2016年版，第104页。

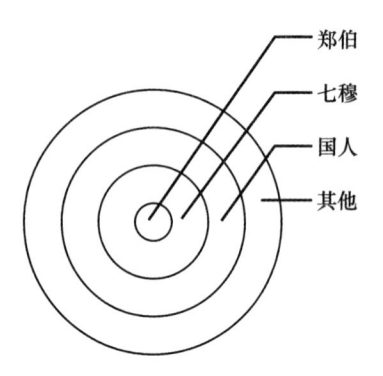

图 2-2 "七穆"集团形成后的郑国权力关系示意图

子产从政时期，"七穆"的内部一直存在两大权势中心，一是良氏，它在穆族中最早兴起，子良去世后实力未减，子良之子伯有继子展之后担任执政；二是罕、驷、丰三家结成的集团，其中罕氏声望较高，而驷、丰两氏比较骄横。其余三家——国氏、印氏、游氏在实力上逊于两大中心。子孔被诛之后，两大中心，尤其是驷氏与良氏之间矛盾日益尖锐。子产执政前，双方争斗正酣，以致子产不敢轻易接受执政之职。《左传》襄公三十年记载：

> 子产如晋，叔向问郑国之政，子产对曰："吾得见与否，在此岁也。驷、良方争，未知所成。若有所成，吾得见，乃可知也。"

罕、驷、丰集团中罕氏的第二代宗主——子皮固然比较开明，但是在驷、良相争时，却也站在驷氏一边，甚至用反映上古部族与国家关系的"推亡固存"的眼光看待与良氏的斗争：

> 郑伯有耆（嗜）酒……子晳以驷氏之甲伐而焚之。伯有奔雍梁，醒而后知之。遂奔许。大夫聚谋。子皮曰："《仲虺之志》云：'乱者取之，亡者侮之。推亡固存，国之利也。'罕、驷、丰同生。伯有汰侈，故不免。"

子产不愿看到七穆内讧。在郑国上下群起诛灭良氏时，不仅没有参与穆族兄弟的自相残杀，还冒险为伯有收尸。良氏失败后，罕、驷、丰集团便独霸政坛，但由于得到罕氏族长子皮的支持，子产还是担任了执政，从此执掌郑国统治大权。

执政时期，子产将安抚七穆作为治国理政的前提。

> 子产为政，有事伯石（公孙段，丰氏），赂与之邑。子大叔曰："国皆其国也，奚独赂焉？"子产曰："无欲实难。皆得其欲，以从其事，而要其成。非我有成，其在人乎？何爱于邑，邑将焉往？"子大叔曰："若四国何？"子产曰："非相违也，而相从也，四国何尤焉？《郑书》有之曰：'安定国家，必大焉先。'姑先安大，以待其所归。"既伯石惧而归邑，卒与之。伯有既死，使大史命伯石为卿，辞。大史退，则请命焉。复命之，又辞。如是三，乃受策入拜。子产是以恶其为人也，使次己位。（《左传》襄公三十年）

沿袭郑人"安定国家，必大焉先"的传统，子产用城邑贿赂伯石，求取郑国的安定。伯石得到城邑，不会威胁郑国的安全。尽管伯石受之有愧，想要推辞，但子产还是将城邑授予伯石，并给他安排了仅次于自己的卿位。

不过，即使如此，骄横的大族还是随时有可能生乱。就在子产极力笼络伯石的同一年，因为没有准许伯石的侄子丰卷为准备祭品而举行田猎的请求，丰卷便要起兵攻打子产。身为执政的子产不得不出奔晋国避难。幸亏子皮制止了丰卷的鲁莽行为，而且将丰卷逐出郑国。子产返回郑国后，发还了丰卷家被没收的田宅。三年后又让丰卷回国，将田宅以及三年以来的总收入返还于他（《左传》襄公三十年）。子产对丰氏的忍让可谓仁至义尽。

郑简公二十五年，驷氏与游氏发生冲突。子南（公孙楚，游氏）已聘定郑大夫徐吾犯之妹，子晳（公孙黑，驷氏）知道她长得很美，也要娶她，二人相持不下。徐家无奈上报执政请求裁决。子产对子晳的强横尽管不满，但还是试图调解，让徐吾犯之妹自己选择。结果年轻英武的子南如愿以偿。子晳娶妇不成，恼羞成怒，"囊甲以见子南，欲杀之而取其妻"，结果暗算子南未成，反被子南所伤。虽然这一冲突的责任明显在子晳，但是子产却说："直钧，幼贱有罪，罪在楚（子南）也。"这就是说，二人各有各的理，年少而位下者有罪。这样，子南反倒有罪了。不但如此，子产还煞有介事地当众数落子南：

> 国之大节有五，女（汝）皆奸之。畏君之威，听其政，尊其贵，事其长，养其亲，五者所以为国也。今君在国，女用兵焉，不畏威也；奸国之纪，不听政也；子晳，上大夫；女（汝），嬖大夫，而弗下之，

不尊贵也；幼而不忌，不事长也；兵其从兄，不养亲也。君曰："余不女（汝）忍杀，宥女（汝）以远。"勉，速行乎，无重而罪！

尽管听起来罪大恶极，但是子产只是将子南流放到吴国。可见子产虽然袒护子晳，但是实际上也在保护子南。

然而，受到偏袒的子晳丝毫没有收敛的迹象。同年，郑伯及六卿因为子晳、子楚二人相争之事举行盟誓。子晳不是卿，却强行要求参加，还让太史将他的名字记录下来，要与其他六人合称"七子"（《左传》昭公元年）。来年秋，子晳又企图作乱，以求取代游氏的职位。结果，连驷氏族人也开始谋划除掉子晳。子产乘机逼迫子晳自缢，并陈尸示众，申明国法（《左传》昭公二年）。

子产对丰氏与驷氏的安抚，一方面是为了稳定"七穆"整体的统治，另一方面也是为了取得子皮及其罕氏的支持。取得了子皮与罕氏的支持，驷、丰、良氏就比较容易控制。子皮在政治上坚定支持子产，子产对子皮也以诚相待。子产能授予他所厌恶的伯石以次于己的卿位，但是当甘愿作他后盾的子皮要求他给自己的属臣尹何授予职位时，子产却拒绝了。子产告诉子皮：

> 人之爱人，求利之也。今吾子爱人则以政，犹未能操刀而使割也，其伤实多。子之爱人，伤之而已，其谁敢求爱于子？子于郑国，栋也。栋折榱崩，侨将厌焉，敢不尽言？子有美锦，不使人学制焉。大官、大邑，身之所庇也，而使学者制焉，其为美锦不亦多乎？侨闻学而后入政，未闻以政学者也。若果行此，必有所害。譬如田猎，射御贯，则能获禽，若未尝登车射御，则败绩厌覆是惧，何暇思获？（《左传》襄公三十一年）

子皮对子产真诚的"拒绝"心悦诚服。他表示，即使自己的家事也请子产定夺。关于子皮与子产的关系，宋代吕祖谦曾经评论道：

> 子皮，郑国之望，帅其人以听子产，其谁不从？及丰卷将田猎以祭，子产弗许。子张征役，欲攻子产。子产奔晋，子皮又止之，而逐丰卷，生子产于既死，还子产于已奔。向使伯有之乱，子产无子皮，则子产不能自保其身。中间无子皮，则子产不得为政。后来丰卷之乱，子产无子皮，则子产亦不得安于郑。是子产为政，始终皆子皮之

力，固是如此。①

郑定公元年，子皮去世。子产听到噩耗，"哭且曰：'吾已！无为为善矣。唯夫子知我。'"

子产所安抚的不仅仅是穆族中的强家巨族，对于暂时失势的大族也注意保护。郑简公三十一年，郑国上下风传伯有的鬼魂再现。子产借口"鬼有所归，乃不为厉"，将伯有之子良止以及子孔之子公孙泄都立为大夫，从而恢复了良氏与孔氏的既有地位。子大叔不明白其中的道理，子产解释道："说（悦）也。为身无义而图说（悦）。从政有所反之以取媚也。不媚不信。不信，民不从也。"（《左传》昭公七年）意思是说，立二人为大夫实际是为了取悦于民众。当然，这与其说是一般地取悦民众，不如说是取悦于两家及其影响下的家族。子孔与伯有的后代"立于朝而祀于家，有禄于国，有赋于军"②，是影响郑国政局的重要力量。安抚亡族，有利于缓解国内的矛盾，当然这也具有牵制驷、丰以及其他大族的作用。

（三）子产与国人

"国人"是周代社会十分特殊和重要的社会群体。《左传》提及郑国国人的地方，都是郑国政治发展的重要关头。郑成公七年，郑大夫子般的余党杀入郑国大宫，杀害穆公二子——子印、子羽，子驷率国人挫败叛乱者。郑简公三年，"西宫之难"事发，子蟜率国人协助子产、子西平定叛乱。十二年，子孔专权，"国人患之"，"子展、子西、率国人伐之，杀子孔而分其室"（《左传》襄公十九年）。二十三年，伯有被诛，"郑伯及其大夫盟于大宫，盟国人于师之梁之外"。（《左传》襄公三十年）在郑国政治生活中，国人人心向背对政局发展具有重要影响。子产的前任子皮能够长期掌握政权，与其对国人的争取直接相关：

> 郑子展卒，子皮即位。于是郑饥，而未及麦，民病。子皮以子展之命饩国人粟，户一钟，是以得郑国之民，故罕氏常掌国政，以为上卿。（《左传》襄公二十九年）

子产继承了子皮和穆族重视国人的传统。这首先体现在对乡校问题的处理上。

---

① （宋）吕祖谦著，杜海军点校：《左氏传说》，浙江古籍出版社2017年版，第103页。
② 《左传》昭公十六年。按：原文虽指孔张，但伯有之后与孔张境况相似。

> 郑人游于乡校，以论执政。然明谓子产曰："毁乡校何如？"
> 子产曰："何为？夫人朝夕退而游焉，以议执政之善否。其所善者，吾则行之；其所恶者，吾则改之，是吾师也。若之何毁之？我闻忠善以损怨，不闻作威以防怨。岂不遽止？然犹防川。大决所犯，伤人必多，吾不克救也。不如小决使道，不如吾闻而药之也。"（《左传》襄公三十一年）

这里的"郑人"是指郑国国人的简称。① "乡校"曾经是古代的公共场所②，兼有教育③、养老④以及社交⑤等多种功能，因而也是议论国家政治的地方。周代具有重视言论批评的政治传统。《尚书·无逸》中周公曾指出："古之人犹胥训告，胥保惠，胥教诲⑥，民无或胥诪张为幻。"强调政治批评是对政治统治的监督。在周人的政治设计中，为确保君主"勿使失性"，很早就出现了比较完备的谏议制度：

> 天生民而立之君，使司牧之，勿使失性……自王以下各有父兄子弟以补察其政。史为书，瞽为诗，工诵箴谏，大夫规诲，士传言，庶人谤，商旅于市，百工献艺。故《夏书》曰："遒人以木铎徇于路，官师相规，工执艺事以谏。"正月孟春，于是乎有之，谏失常也。天之爱民甚矣，岂其使一人肆于民上，以从其淫，而弃天地之性？必不然矣。（《左传》襄公十四年）

《国语·晋语六》也记载：

> 古之王者，政德既成，又听于民，于是乎使工诵谏于朝，在列者

---

① 春秋时期，国号加"人"表示特定国家的国人。参见〔日〕吉本道雅《春秋国人考》，载《日本中青年学者研究中国史论文集（上古秦汉卷）》，上海古籍出版社1995年版，第87页。
② 杨宽认为，古代村社中的乡校"兼有会议室、学校、礼堂、俱乐部的性质"，见其《中国古代的井田制度和村社组织》，载《古史新探》，上海人民出版社2016年版，第132页。
③ 《孟子·滕文公上》："庠者养也，校者教也，序者射也；夏曰校，殷曰序，周曰庠，学则三代共之：皆所以明人伦也。"
④ 《礼记·王制》及《内则》："夏后氏养国老于东序，养庶老于西序；殷人养国老于右学，养庶老于左学。"
⑤ 《毛诗·子衿》序："《子衿》，刺学校废也。乱世则学校不修焉。"如诗序不误，结合诗文，则学校也是男女聚会的场所。
⑥ 孔传："叹古之君臣，虽君明臣良犹相道告、相安顺、相教诲以义方。诪张，诳也。君臣以道相正，故下民无有相欺。"

献诗，使勿兜，风听胪言于市，辨袄祥于谣，考百事于朝，问谤誉于路，有邪而正之，尽戒之术也。

由此来看，"毁谤"当政者，本是传统政治赋予民众的一项政治权力。西周后期，暴虐的周厉王曾经蔑视传统，"得卫巫，使监谤者，以告，则杀之。国人莫敢言，道路以目。王喜"。于是邵公规劝道：

是障之也，防民之口，甚于防川。川壅而溃，伤人必多，民亦如之。是故为川者决之使导，为民者宣之使言。故天子听政，使公卿至于列士献诗，瞽献曲，史献书，师箴，瞍赋，蒙诵，百工谏，庶人传语，近臣尽规，亲戚补察，瞽、史教诲，耆、艾修之，而后王斟酌焉，是以事行而不悖。（《国语·周语上》）

厉王不听从邵公谏言，结果在民众反抗下被迫流亡。春秋时期，齐桓、晋文"以德有国，近臣谏，远臣谤，舆人诵，以自诰也．是以其入也，四封不备一同，而至于有畿田，以属诸侯"而称霸天下（《国语·楚语上》）。

子产不防民口的精神与邵公反对"厉王止谤"的思想是一致的，可以说是对周代优良政治传统的继承。他认为，乡校是国人发表政见的场所。对于国人的怨言，执政者只能以"忠"与"善"的态度减少怨言，却不能倚仗权势防堵。执政者对待民众的毁谤，应该行其所善，改其所恶，而防堵的办法则适得其反。与其防堵民意，不如采取疏导的方式，这样，不仅国人怨气得以缓解，执政者也可得到执政的参考。

在子产时期的政治权力关系中，"不毁乡校"还有更为具体的意义。首先，作为家族时代的执政，子产面对的国人不是单个的个人，而是其身后林林总总的家族。"西周春秋时期的所谓'国人'，皆为宗族之人。换句话说，游离于宗族之外的国人，在那个时代是找不到的。"[①] 国人的参政权力与意识都与家族的存在直接相关。虽然他们的家族势单力薄，家族特征不如穆族等大族明显，但是人多势众，同样是郑国权力关系中不可忽视的力量。国人在政治上曾经多次支持穆族，但是如果发生利益冲突，未必不会转而成为穆族的反对者。其次，乡校的存在也是对穆族以外其他大族的安抚。如前所述，穆族的崛起以及"七穆"的最终形成，是以非穆大族淡出政治舞台为代价的。家族政治时代，"唯卿为大夫"。（《左传》

---

① 晁福林：《先秦社会形态研究》，北京师范大学出版社2003年版，第512页。

襄公十七年）失去了为卿的机会，不担任较高级别的官职，便难以庇护自己的家族，正所谓"无官，则族无所庇"。(《左传》文公十六年）大多数非穆大族降为普通国人。对于那些早已衰落的古老家族成员而言，祖先的荣光也许可以当作明日黄花，但在新即位的郑伯的子弟们眼里，"七穆"权势岂是理所当然？如果他们的利益受到触动，可能更容易与一般国人联合起来反对"七穆"的统治。

子产推行内政改革时，开始时就面临国人的普遍反对：

> 子产使都鄙有章，上下有服；田有封洫，庐井有伍。大人之忠俭者，从而与之；泰侈者因而毙之……从政一年，舆人诵之，曰："取我衣冠而褚之，取我田畴而伍之。孰杀子产，吾其与之。"(《左传》襄公三十年)

虽然郑国国人与穆族以至"七穆"固然有着长期合作的历史，但是一旦他们的利益被触动，他们便不惜置子产于死地。如果乡校早就被子产毁弃，舆人与广大国人无处抒发怨气，那么舆人所代表的广大国人就不可能只是诅咒一番就作罢。正因为郑国存在这类纾解民怨的场所，子产的执政措施在民众不理解时遭受民众的批评甚至诅咒，但一旦民众对其政策能够理解，舆论就成为对子产的赞颂。史载，子产执政三年后，民众终于认可了子产的政策，于是舆人便又作诵：

> 我有子弟，子产诲之；我有田畴，子产殖之。子产而死，谁其嗣之？

子产通过乡校这种形式保护了国人固有的"毁谤"权。当然，他也因此遭到不少毁谤，所以后来晋大夫叔向批评子产"立谤政"。

乡校的保留，使郑国保留了疏导民怨与听取民意的场所，但是这并不意味着子产就是一味讨好民意的"乡愿"①。他尊重国人的意见，但对自己认为正确的原则绝不动摇。郑简公二十八年，子产"作丘赋"。尽管之前事实曾经证明子产为政的良苦用心，但是这次国人的毁谤更加严厉：

---

① 《论语·阳货》注："周曰：'所至之乡，辄原其人情，而为意以待之，是贼乱德也。一曰：乡，向也，古字同。谓人不能刚毅，而见人辄原其趣向容媚而合之，言此所以贼德也。'"（清）刘宝楠撰，高流水点校：《论语正义》，中华书局1990年版，第693页。

"其父死于路,己为虿尾,以令于国,国将若之何?"郑大夫浑罕将国人的毁谤告知子产,子产却说:

> 何害?苟利国家,死生以之。且吾闻为善者不改其度,故能有济也。民不可逞,度不可改。诗曰:"礼义不愆,何恤于人言?"吾不迁矣。

浑罕对子产的解释并不满意,他接着批评道:

> 国氏其先亡乎!君子作法于凉,其敝犹贪。作法于贪,敝将若之何?姬在列者,蔡及曹、滕其先亡乎,逼而无礼。郑先卫亡,逼而无法。政不率法,而制于心。民各有心,何上之有?

浑罕的批评将子产的政策提到家国兴亡的高度,子产并没有就此压制。其"作丘赋""铸刑书",先后都招致国人激烈反对,但都只是政见批评,并未引发政局波动。这与其说是君子风度,不如说是一种政治智慧。

孔子对子产不毁乡校曾给予高度评价。"以是观之,人谓子产不仁,吾不信也。"(《左传》襄公三十一年)到唐代,以追随和继承儒家道统自任的韩愈撰写了著名的《子产不毁乡校颂》[1]。清代,崔述将子产"不毁乡校"与周公倡导的"胥训告"精神相提并论,强调"子产此事,诚为政之要图……此虽春秋时事,然足以发明周公之意"[2]。然而,在对待民众批评的问题上,孔子其实是有所保留的。在他看来,天下无道,民众固然可以批评,但"天下有道,则庶人不议"(《论语·季氏》),因此一般民众对当政者的评议不是政治统治的正常状态。不仅儒家,战国以后的主流政治学说不同程度地存在这种倾向。

韩非子认为,一般民众心智低下,无法理解当政者的政治智慧,"为政而期适民"只能引发乱政:

> 今不知治者必曰:"得民之心。"欲得民之心而可以为治,则是伊尹、管仲无所用也,将听民而已矣。民智之不可用,犹婴儿之心也……昔禹决江浚河而民聚瓦石,子产开亩树桑郑人谤訾。禹利天

---

[1] (唐)韩愈:《子产不毁乡校颂》,载韩愈著,刘真伦、岳珍校注《韩愈文集汇校笺注》,中华书局2010年版,第269页。

[2] (清)崔述:《崔东壁遗书》,上海古籍出版社1983年版,第338页。

下，子产存郑，皆以受谤，夫民智之不足用亦明矣。故举士而求贤智，为政而期适民，皆乱之端，未可与为治也。(《韩非子·显学》)

《吕氏春秋·乐成》篇将孔子与子产的从政经历加以比较，指出治国理政的"大智"非普通民众所能轻易理解，因此民众的意见不能当作评断政治统治优劣的依据：

> 孔子始用于鲁，鲁人鹥诵之曰："麛裘而韠，投之无戾。韠而麛裘，投之无邮。"用三年，男子行乎涂右，女子行乎涂左，财物之遗者，民莫之举。大智之用，固难踰也。子产始治郑，使田有封洫，都鄙有服。民相与诵之曰："我有田畴，而子产赋之。我有衣冠，而子产贮之。孰杀子产，吾其与之。"后三年，民又诵之曰："我有田畴，而子产殖之。我有子弟，而子产诲之。子产若死，其使谁嗣之？"使郑简、鲁哀当民之诽訑也而因弗遂用，则国必无功矣，子产、孔子必无能矣。非徒不能也，虽罪施，于民可也。①

战国时期，孔子的七世孙、魏相子顺也认为"民不可与虑始"，为政者总是要经受民众的各种"谤言"，因此民众的意见没有重视的必要：

> 子顺相魏，改嬖宠之官以事贤才，夺无任之禄以赐有功。诸丧职秩者不悦，乃造谤言。文咨（魏人）以告，且曰："夫不害前政而有成。孰与变之而起谤哉？"子顺曰："民不可与虑始久矣。古之善为政者，其初不能无谤。子产相郑，三年而后谤止。吾先君之相鲁，三月而后谤止。今吾为政日新。虽不能及圣贤，庸知谤止独无时乎？"(《孔丛子·陈士义》)

总之，从孔子到后世当政者，对于子产不毁乡校其实只是抽象地肯定。只要不根除"民可使由之，不可使知之"(《论语·泰伯》)的偏见，对不毁乡校的任何颂扬或提倡都只能是一种叶公好龙的姿态。

子产对国人的态度还表现在将非穆族人士纳入郑国的统治阶层。《左传》襄公三十一年记载：

---

① （秦）吕不韦编，许维遹集释，梁运华整理：《吕氏春秋集释》，中华书局2009年版，第412页。

子产之从政也，择能而使之：冯简子能断大事；子大叔美秀而文，公孙挥能知四国之为，而辨于其大夫之族姓、班位、贵贱、能否，而又善为辞令。裨谌能谋，谋于野则获，谋于邑则否。郑国将有诸侯之事，子产乃问四国之为于子羽，且使多为辞令；与裨谌乘以适野，使谋可否；而告冯简子使断之。事成，乃授子大叔使行之，以应对宾客，是以鲜有败事。

孔子对子产与贤人合作处理对外事务的场面一定存有深刻的印象，因此在《论语·宪问》中有这样的记载："为命：裨谌草创之，世叔（子大叔）讨论之，行人子羽修饰之，东里子产润色之。"从以上的记载看，子产重用的人士中，除子大叔外，均非"七穆"出身，他们的家族名不见经传。子大叔虽然是穆族出身，但却属于较为弱小的游氏，非罕、驷、丰等家族的强宗子弟。

子产对大族的安抚、对郑伯的维护、对国人的争取，不但是当时形势下对内执政的理智选择，也是对外防御霸国欺凌的迫切需要。子产在被任命为执政前夕曾出访陈国，回国后他将在陈国的政情观察告诉郑国大夫：

陈，亡国也，不可与也。聚禾黍，缮城郭，恃此二者，而不抚其民。其君弱植，公子侈，大子卑，大夫敖，政多门，以介于大国，能无亡乎？不过十年矣。（《左传》襄公三十年）

如果不是特别说明，读者很可能会误以为这是郑国的内政景象。实际上，郑国形势与陈国十分相似。在"七穆"掌权下，郑伯的权势确实不能与立国初年的诸公相比；太子的事迹，根本不见记载；郑国的"族大宠多"不就是陈国的"大夫敖，政多门"吗？以此介于强邻之间，郑国不也是"亡国"吗？通过权力关系的整合，在充分利用诸侯关系发展的基础上，郑国的国力在子产时期开始得到恢复。《吕氏春秋·求人》篇记载：

晋人欲攻郑，令叔向聘焉，视其有人与无人。子产为之诗曰："子惠思我，褰裳涉洧；子不我思，岂无他士？"① 叔向归曰："郑有

---

① （汉）高诱《吕氏春秋训解》："郑近秦与荆也。其诗云：'子不我思，岂无他人？'将事秦、荆，故曰'有异心。不可攻也。'"见（秦）吕不韦编，许维遹集释，梁运华整理《吕氏春秋集释》，中华书局2009年版，第617页。

人,子产在焉,不可攻也。秦、荆近,其诗有异心,不可攻也。"晋人乃辍攻郑。孔子曰:"诗云:'无竞惟人。'子产一称而郑国免。"

《求人》篇所记载(假托?)的孔子评论虽然带有战国游说之士的夸诞色彩,但晋国因子产执政而放弃攻郑的基本事实是可信的。子产的执政使郑国国力强盛,故而晋国不敢贸然进攻。

子产在权力关系的整合上充分显示出为政特有的智慧和宽宏的胸襟。孔子因此而称子产为"仁人""惠人"(《论语·宪问》),认为子产有"君子之道四焉:其行己也恭,其事上也敬,其养民也惠,其使民也义"。先秦儒家的两位重要学者——孟子与荀子都在孔子上述观点的基础上提出自己对子产为政的看法。孟子说,子产"惠而不知为政"(《孟子·离娄下》)。荀子认为,子产"取民者也,未及为政也"。其实,郑国的子皮、宋国的乐氏以及鲁国季氏那种以恩惠博取民心的世卿才真正是"惠而不知为政",真正是长于"取民"而"未及为政"。子产所表现出仁、惠精神,但是在"作封洫""作丘赋"以及"铸刑书"时,谨慎的变革意识日渐凸显。需要指出的是,子产执行的若干变革,在幅度与深度上,都不能与日后战国时期全面深入的制度变革相提并论,它们大多还只是试验性的、补救性的、事务性的,还提不到政治制度、政治原则这样的高度。子产对于变革的理解和要求,可以用他自己的话来概括:"吾以救世也"①,他没有对于变革运动或者理论的偏好,他只是凭着政治家的智慧和远见,敏锐地感知到了时代的不得不然的变动,并根据这种变动来调整统治政策,以更好地维护国家的稳定和安宁。这种变革是旧制的整顿与新制的探索的结合,具有保守、变革的双重特征。

郑定公八年(前522),子产辞世。郑国并未因此而人亡政息,子产长期的追随者——子大叔继承了子产的职位。郑国保持了子产以来的发展势头,至春秋后期,国力堪与晋、宋匹敌。齐桓、晋文以来郑国丧失的小霸(伯)地位一时间又得以恢复。子大叔执政十一年后去世,驷、罕两氏的驷歂、罕达、驷弘陆续执政。战国时期,罕氏的子阳②曾经企图取代郑繻公。郑繻公二十五年(前398),郑人杀子阳。二十三年后,即郑康

---

① 子产作刑书,郑叔向写信批评他,子产在回信中这样解说自己的举措。详见《左传》昭公六年。
② 《史记》《汉书》称子阳为"驷子阳",学者多以为子阳乃驷氏之后。晁福林先生认为,子阳乃罕氏之后,详见《先秦社会形态研究》,北京师范大学出版社2003年版,第211页。

公二十年（前375），郑国亡于韩，郑国的世卿政治就此寿终正寝，那时距子产去世已经一百五十年了。

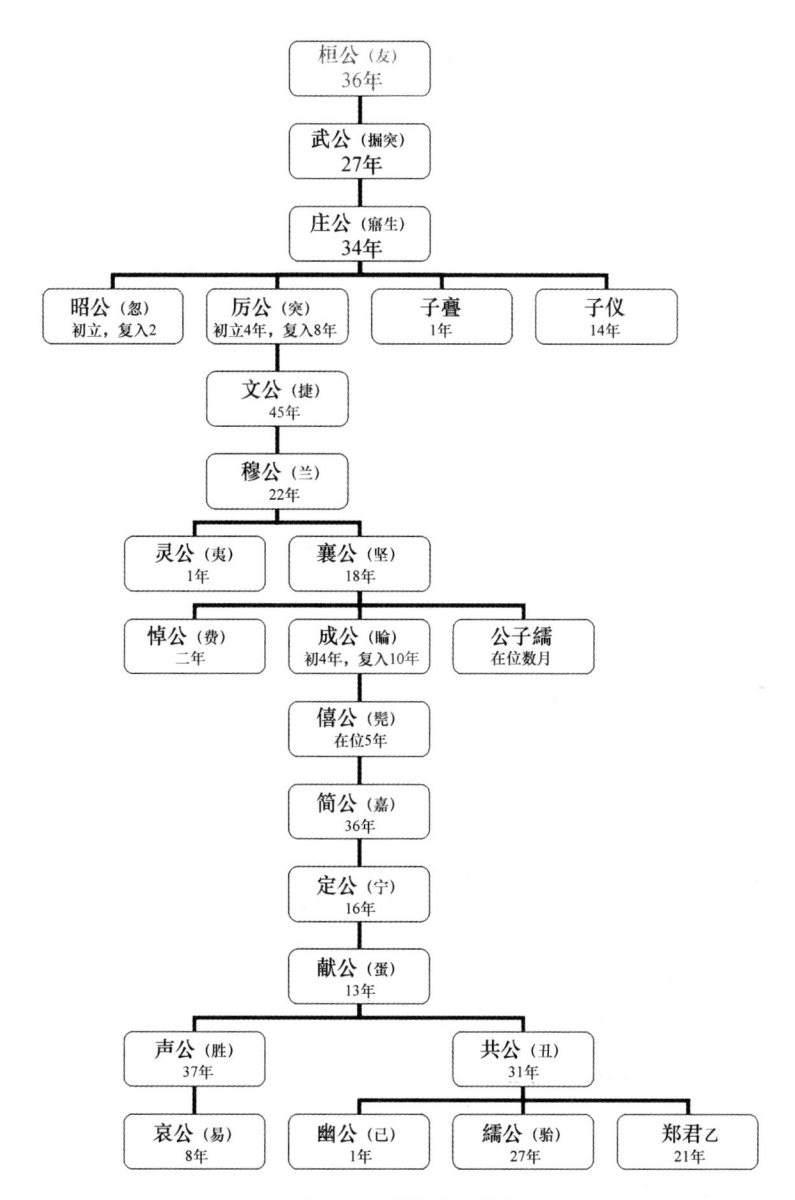

```
                    桓公（友）
                     36年
                       │
                    武公（掘突）
                     27年
                       │
                    庄公（寤生）
                     34年
       ┌───────────┬──┴──────┬─────────┐
    昭公（忽）    厉公（突）     子亹      子仪
   初立，复入2  初立4年，复入8年   1年      14年
                   │
                文公（捷）
                  45年
                   │
                穆公（兰）
                  22年
              ┌────┴────┐
           灵公（夷）  襄公（坚）
             1年       18年
         ┌────────┬───┴────┐
      悼公（费）  成公（睔）  公子繻
        二年   初4年，复入10年 在位数月
                   │
                僖公（髡）
                 在位5年
                   │
                简公（嘉）
                  36年
                   │
                定公（宁）
                  16年
                   │
                献公（虿）
                  13年
              ┌────┴────────┐
           声公（胜）       共公（丑）
             37年           31年
              │         ┌────┼────────┐
          哀公（易）  幽公（已） 繻公（骀） 郑君乙
            8年       1年     27年     21年
```

图 2-3　郑伯世系图

本图据司马迁《史记·郑世家》《史记·六国年表》和陈厚耀《春秋世族谱》绘制。

表 2-2　　　　　　　　　郑国执政列表①

执政者	执政时间		年数
	起始	终止	
祭仲	郑庄二二（鲁隐元）	郑子亹（桓一八）	29
?	郑厉八（鲁庄元）	郑厉二一（鲁庄一四）	14
叔詹	郑厉二二（鲁庄一五）	郑文三六（鲁僖二三）	43
皇武子	郑文三七（鲁僖二四）	郑穆二（鲁文元）	11
子家	郑穆三（鲁文二）	郑襄四（鲁宣八）	26
子良	郑襄五（鲁宣九）	郑成二（鲁成八）	18
子罕	郑成三（鲁成九）	郑僖元（鲁襄三）	13
子驷	郑僖二（鲁襄四）	郑简三（鲁襄十）	6
子孔	郑简三（鲁襄十）	郑简一二（鲁襄一九）	9
子展	郑简一二（鲁襄一九）	郑简二二（鲁襄二九）	11
伯有	郑简二二（鲁襄二九）	郑简二三（鲁襄三十）	1
子皮	郑简二三（鲁襄三十）	郑简二三（鲁襄三十）	1
子产	郑简二四（鲁襄三一）	郑定八（鲁昭二十）②	22
子大叔	郑定八（鲁昭二十）	郑献八（鲁定四）	11
驷歂	郑献九（鲁定五）	郑声五（鲁定一四）	10
罕达	郑声六（鲁定一五）	郑声二三（鲁哀一七）	3
驷弘	郑声二四（鲁哀一八）	郑声三七（鲁悼四）	14
子阳	?	郑繻二五③	?

表 2-3　　　　　　　　　郑国穆族族名诸说比较④

族名	世本八种								潜夫论	世族谱	通志氏族略
	陈本	雷本	茆本	孙本	谟本	张本	梓本	秦本			
去疾	√	√	√	√	√		√				
子游	√	√	√			√	√游	√	√游⑤	√游	√（游）

① 本表据顾栋高《春秋大事表》卷二十五《郑执政表》制作。
② 《史记》以为子产死于郑声公五年版，其执政终止时间不详。
③ 《史记·郑世家》："郑君二十五年版，郑君（繻公）杀其相子阳。"
④ "陈本"指陈其荣增订本，"雷本"指雷学淇校辑本，"茆本"指茆泮林辑本，"孙本"指孙冯翼本，"谟本"指王谟辑本，"张本"指张澍稡集补注本，"梓本"指王梓材本，"秦本"指秦嘉谟辑本。为简便计，所有氏名均省略"××氏"之"氏"字。
⑤ "游"旧作"将"。

续表

族名	世本八种								潜夫论	世族谱	通志氏族略
	陈本	雷本	茆本	孙本	谟本	张本	梓本	秦本			
子孔	√		√			√	√孔	√	√孔	√孔	√
子国	√	√	√					√	√国	√国	√（国）
子罕	√		√			√	√罕	√子轩	√轩	√罕	√（罕）
大季		√	√			√			√	√	
子驷			√			√	√驷	√	√驷	√驷	√（驷）
子然			√			√	√然		√然	√然	
子丰							√丰		√丰	√丰	√丰
子印							√印	√		√	√印
羽								√	√	√	√
良	√	√	√	√	√	√	√子良		√	√	√
兰							√				
子晳							√			√	√
子南										√	
伯有									√		√
东里									√		
浑									√		
相里						√					

96　子产与春秋时期的政治转型

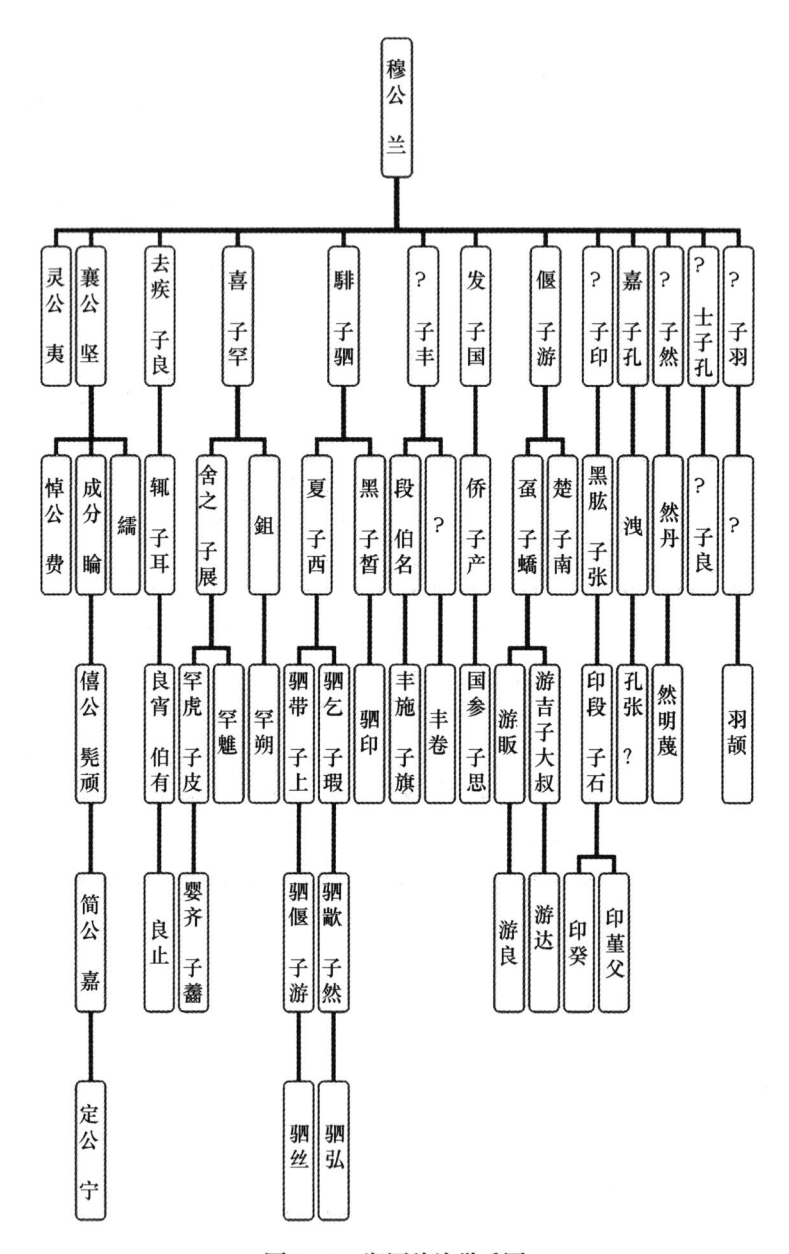

穆公 兰
├─ 灵公 夷
├─ 襄公 坚
│   ├─ 悼公 费
│   └─ 成 分䮘
│   └─ 僖公 髡顽
│   └─ 简公 嘉
│   └─ 定公 宁
├─ 去疾 子良
│   ├─ 辄 子耳
│   │   └─ 良宵 伯有
│   │   └─ 婴齐 子蘬
│   └─ 繻
├─ 喜 子罕
│   ├─ 舍之 子展
│   │   ├─ 罕虎 子皮
│   │   └─ 罕魃
│   └─ 鉏
│   └─ 罕朔
├─ 騑 子驷
│   ├─ 夏 子西
│   │   └─ 驷带
│   ├─ 黑子晳
│   │   ├─ 驷乞 子瑕
│   │   └─ 驷印
│   │   ├─ 驷偃 子游
│   │   │   └─ 驷丝
│   │   └─ 驷歂 子然
│   │   └─ 驷弘
├─ ? 子丰
│   ├─ 段 伯名
│   └─ ?
│   ├─ 丰施 子旗
│   └─ 丰卷
├─ 发 子国
│   └─ 侨 子产
│   └─ 国参 子思
├─ 偃 子游
│   ├─ 蚕 子蟜
│   │   └─ 游吉 子大叔
│   │   ├─ 游贩
│   │   │   └─ 游良
│   │   └─ 游达
│   └─ 楚 子南
├─ ? 子印
│   └─ 黑肱 子张
│   └─ 印段 子石
│   ├─ 印癸
│   └─ 印堇父
├─ 嘉 子孔
│   └─ 洩
│   └─ 孔张
├─ ? 子然
│   └─ 然丹
│   └─ 然明 蔑
├─ ? 士子孔
│   └─ ? 子良
└─ ? 子羽
    └─ ?
        └─ 羽颉

图 2-4　郑国穆族世系图

第三章　子产与郑国的对外关系

关于周代国家形态，历来有所谓"溥天之下，莫非王土；率土之滨，莫非王臣"的说法①。然而，封国既不同于秦汉以后的郡县，也不是独立国家。在"封建"（分封建国）体制下，封国由王朝创建或册封，封主是周王的臣子，承担朝聘、贡纳和兵役等义务，封国是王朝的组成部分，相对于周王室，具有类似秦汉以后中央王朝地方辖区的属性，但从管理方式上说，封国在封主统治下实行自治，中央王朝一般不干预封国内部事务。西周末年以后，周王式微，诸侯国独立色彩日趋显著。于是，近代以来，许多学者常将春秋战国时期的诸侯国视为某种程度的独立国家，诸侯国关系也常与国家或国际关系相提并论。这显然与春秋诸侯历史实际情况不符。有学者主张借用《周礼·秋官·大行人》中的"邦交"一词指称诸侯国关系，②但学界的反响似乎并不积极。③ 为避免概念模糊和歧义，本书直接用"诸侯国关系"泛指当时诸侯国之间的关系，用"对外关系"指称一国与其他诸侯国的关系。

在春秋诸侯国关系研究中，长期以来，受大一统历史与观念的双重影响，齐、楚、晋、秦、吴、越等国霸权迭兴的历史无疑是学者关注的焦点，以管仲为代表的大国卿相因此得以名留青史，"齐桓、晋文之道"被后人津津乐道。然而，作为诸侯世界的组成部分，霸国（大国）之外，还有众多小国的存在，它们是大国称霸的基础。即使所谓的霸国，在成为广土众民的诸侯国之前，其国家规模与众多小国也相差无多。从某种意义上说，春秋时期中国国家存在的一般状态，不是霸国或大国，而是小国。研究春秋诸侯国关系，小国不可缺位，小国视角——即以小国作为春秋国家关系研究的视角是对大国（霸政）视角的必要

---

① 《毛诗正义》，（清）阮元校刻：《十三经注疏》，中华书局2009年版，第994页。
② 徐杰令：《春秋邦交研究》，中国社会科学出版社2004年版，"前言"第2页。
③ 参见叶自成《中国外交的起源——试论春秋时期周王室和诸侯国的性质》，《国际政治研究》2005年第1期。

补充。

郑国是春秋史上一个十分特殊的诸侯国。它在西周末年才立国，凭借与周王室之间的"厉、宣之亲"的血缘优势，以及"前华后河，右洛左济，主芣、騩而食溱、洧"（《国语·郑语》），沟通南北东西的地理优势，以及桓、武、庄三代郑伯担任王朝卿士的政治优势，郑国在西周春秋之际，是挟天子以令诸侯的"小伯（霸）"①。昭、厉二公以后，郑国内部冲突不断，外部霸权迭兴，原有优势才开始丧失。在周王式微的背景下，昭、厉之后诸公血缘优势下降，而沟通南北东西的地理优势反而使郑国成为四战之地。宋代王应麟指出："春秋战争之多者莫如郑，战国战争之多者莫如韩，秦、汉之间天下有变，必于荥阳、成皋之间决胜负。"② 沦为蕞尔小国后，郑国被迫长期依违于南北大国之间，开始是齐与楚，后来是晋与楚，其间还要面临西部大国——秦的威胁。在相当长的时期内，可谓"既不能强，又不能弱"。（《左传》僖公七年）清代学者顾栋高就其表现评价道：

> 明事势，识利害，常首鼠晋、楚两大国之间，视其强弱以为向背，贪利若鹜，弃信如土。故当天下无伯则先叛，天下有伯则后服……投骨于地，就而食之，摇尾乞怜者，郑之谓也……每间伯主之有事，则侵伐小国以自益。昼伏夜行，窃食盆盎，常惧人觉者，郑之谓也。然亦因此得保其国，常偏强于诸侯间。以中国四战之地，迭受晋、楚之侵伐，而能国威不挫，民力不疲。③

子产涉足政坛后，郑国对外关系的局面逐渐改观。在他从政前后，郑国对外关系展现出新的历史气象，在春秋诸侯国关系发展史上留下了浓墨重彩的一笔。

---

① 目前所见汉代以前文献中，被称为"小霸（伯）"的诸侯仅有齐庄公、齐僖公和秦穆公。《国语·郑语》："齐庄、僖于是乎小伯（霸）。"《韩诗外传》卷六："秦缪公困于殽，疾；据五羖大夫、蹇叔、公孙友而小霸。"童书业认为："所谓'齐僖小伯'，实郑庄小伯。"见其《春秋左传研究》（上海人民出版社1980年版），第313页。翦伯赞也提出郑庄公"也是春秋时期的一霸"的说法，详见其《先秦史》（北京大学出版社1988年版），第296页。
② （宋）王应麟：《诗地理考》，中华书局2011年版，第227页。
③ （清）顾栋高：《春秋大事表》，中华书局1993年版，第1893—1895页。

第一节　为卿之前

如前所述，史书对子产的记述是从他对郑国侵蔡行动的评论开始的。郑简公元年（前565），子产之父子国以及同为"七穆"的子耳率军偷袭蔡国。在郑国上下为此庆贺时，当时还年轻的子产却不以为然：

> 郑子国、子耳侵蔡，获蔡司马公子燮。郑人皆喜，唯子产不顺，曰："小国无文德，而有武功，祸莫大焉。楚人来讨，能勿从乎？从之，晋师必至。晋、楚伐郑，自今郑国不四五年弗得宁矣。"（《左传》襄公八年）

从蔡司马公子燮被俘这一细节看，郑国取得了压倒性胜利，因为司马是一国执掌军事的最高官员，他的被俘意味着蔡国被彻底打垮，难怪郑国举国上下表示喜悦。然而，年轻的子产却表达了自己的忧虑，认为对于小国郑国来说，不追求"文德"，而追求侵袭的"武功"，其实是祸事一桩，因为这将招致蔡国身后的南方霸主——楚国以及北方霸主——晋国的连锁干预。子产的忧虑遭到父亲子国的训斥，但是放眼当时诸侯关系发展的脉络，可知子产所言绝非空穴来风。

子产首次评论郑国对外关系的十四年前，即郑成公六年（前579），晋、楚两强在宋国斡旋下达成首次弭兵协议。《左传》成公十二年记载：

> 宋华元克合晋、楚之成……盟于宋西门之外，曰："凡晋、楚无相加戎，好恶同之，同恤菑危，备救凶患。若有害楚，则晋伐之；在晋，楚亦如之。交贽往来，道路无壅；谋其不协，而讨不庭。有渝此盟，明神殛之，俾队（坠）其师，无克胙国。"郑伯如晋听成，会于琐泽，成故也。

弭兵是承受争霸战争之苦的各诸侯国的共同愿望，但是此次盟会仅限于晋、楚两霸，东道主——宋国和包括郑国在内的其他诸侯国形同局外人。实际上，小国是春秋霸政存在的基础，是晋、楚争夺的对象，解决晋、楚之间的矛盾和冲突，不能无视小国的存在和利益。将盟约内容局限于晋、楚两方之间，不对小国问题进行合理安排，既不保障小国的权益，当然也不能约束小国的行为。这个残缺不全的盟约，可以放任晋、楚继续争夺、压迫小国，同时也无法阻止小国对霸政秩序的破坏，晋、楚之间脆弱的平衡因而极易被打破。

公元前578年，晋国即率领齐、宋、卫、郑等八国讨伐楚国的盟国——秦国，两年后又与楚国的南方对手——吴国会盟。楚国没有立即反制，但是两年后，即公元前576年就北上侵伐郑、卫两国。对于宋之盟达成的弭兵协议，楚司马子直言"敌利则进，何盟之有？"（《左传》成公十五年）公元前575年，楚国又以汝阴之田利诱郑国叛晋服楚。同年，晋国即还以颜色，在鄢陵之战中大败楚、郑。此后围绕郑、宋、陈等国，晋、楚双方又反复争，弭兵的目标似乎越来越遥不可及。

此时的郑国，在晋、楚争霸中选择"唯强是从"（襄公九年），对同为小国的许、宋、蔡等国伺机侵伐。公元前577年，在晋、楚宣示弭兵的第二年，郑国伐许。次年，"许灵公畏于郑，请迁于楚……楚公子申迁许于叶"。此后，尽管得到楚、晋两霸多年庇佑，许国在郑国长达208年的经略中，最终以灭于郑而结束其历史。[①] 郑国的另一邻国——宋国的地理位置与郑相似，国力也旗鼓相当。在春秋诸侯国中，二者的矛盾冲突也比较多，战事多达49次。[②] 在首次弭兵后的第四年，即公元前575年，郑国受楚国利诱，以伐宋的方式叛晋归楚。此后，郑国多次单独或与楚国一起伐宋。

郑对蔡国的侵伐，从楚、蔡关系来看，军事冒险的意味十分明显，这正是本节开始时青年子产对侵蔡胜利表示"不顺"的原因。蔡国在地理上接近楚国，在南北争霸斗争中，长期依附于楚国，某种程度上充当着楚国的北向门户。顾栋高指出：

> 盖蔡居淮、汝之间，在楚之北，为楚屏蔽，熟知楚里道，其俗自古称强悍。故春秋时服楚最早，从楚最坚，受楚之祸最深，而其为楚

[①] 在周边诸侯国中，许是郑国经略最久的国家，从鲁僖公十一年到鲁定公六年灭，在长达208年的时间里，郑国对许军事行动多达10次，《左传》记载的对许军事行动共10次：隐公十一年入许，庄公二十九年侵许，僖公三十三年伐许，鲁成公三年伐许（2次），成公四年伐许，成公九年围许，成公十四年伐许，襄公十六年伐许，定公六年灭许。

[②] （清）顾栋高：《春秋大事表》，中华书局1993年版，第2129页。

之祸亦最烈。①

郑国与蔡国并不接壤，对楚、蔡关系的重要性本应有清醒认识，对伐蔡可能招致的楚国报复应有所防范。然而，郑国还是冒险侵蔡，除了此时楚国正忙于伐陈，无暇他顾外，还在于郑国另有所图，那就是叛楚归晋。对外关系上，包括子产之父子国在内的郑国决策层长期以来"唯强是从"，投机和侥幸心理严重，缺乏积极、稳定的应对策略。侵蔡当年，郑国首先遭到楚国的讨伐，在从楚、还是从晋的问题上相持不下：

> 子驷、子国、子耳欲从楚，子孔、子蟜、子展欲待晋。子驷曰："《周诗》有之曰：'俟河之清，人寿几何？兆云询多，职竞作罗。'谋之多族，民之多违，事滋无成。民急矣，姑从楚，以纾吾民。晋师至，吾又从之。敬共币帛，以待来者，小国之道也。牺牲玉帛，待于二（境），以待强者而庇民焉。寇不为害，民不罢病，不亦可乎？"

子展反对子驷的骑墙立场：

> 子展曰："小所以事大，信也。小国无信，兵乱日至，亡无日矣。五会之信，今将背之，虽楚救我，将安用之？亲我无成，鄙我是欲，不可从也。不如待晋，晋君方明，四军无阙，八卿和睦，必不弃郑。楚师辽远，粮食将尽，必将速归，何害焉？舍之闻之，杖莫如信。完守以老楚，杖信以待晋，不亦可乎？"
> 子驷曰："《诗》云：'谋夫孔多，是用不集。发言盈庭，谁敢执其咎？如匪行迈谋，是用不得于道。'请从楚，騑也受其咎。"（《左传》襄公八年）

公元前565年的子产基本上还只是个少年，在郑国上下为侵蔡侥幸成功而庆贺时能够预见侵蔡引发的连锁风险，其见识非同一般。可是在父亲眼里，他仍然是一个不谙世事的"童子"。不在其位，不谋其政，郑国对外关系何去何从，作为执政者，父辈们的艰难处境，子产可能还无法完全理解。郑国何去何从，还要留待他在未来从政岁月里继续探索。

---

① （清）顾栋高：《春秋大事表》，第2024—2025页。

第二节　为卿时期

子产以郑简公十二年（前554）为卿，正式登上郑国政坛。担任执政前十年①，子产是郑国涉外活动的主要参与者和执行者。

如前所述，由于晋、楚两霸的首次弭兵，不仅不保障小国权益，霸主的声威也逐渐难以为继。在北方，晋的西邻——秦国就一直是其霸权地位的牵制力量，而随着晋国国力下降，东部的齐国也伺机而动。郑简公九年，晋平公即位，晋、宋、卫、郑、曹等北方主要诸侯相会于溴梁。齐国虽然派出大夫参加会见，却不参加盟誓。正式会盟时，只有晋、鲁、宋、卫、郑和小邾等六国大夫参加，盟誓强调"同讨不庭"，暴露出晋国的外强中干。会盟当年，齐国即侵鲁。为重树声威，晋国于次年纠合中原地区除秦以外的主要诸侯国联合伐齐。而在南方，楚国乘机伐郑。经过两年拉锯战，晋、齐才讲和。晋国霸权式微，内政也出现危机。为解决栾氏问题，晋国又不得不召集两次大型会盟。齐国借机干预，两国再起战端，由此再次引发楚人伐郑救齐、北方诸侯国被迫救郑的恶性循环。北方的混乱，楚国虽然有可乘之机，但是由于吴国从东部对其牵制，因而也难有大的作为②。

此时的郑国，既被动地卷入南北霸权争夺的旋涡，也继续于争霸夹缝中寻机攻伐他国。郑简公十八年，子展、子产率军突袭陈国。此次陈国成为郑国攻伐的对象，源于上年陈国伐郑时的表现。当时，楚国是战争的主导，目的在于牵制晋国伐齐，参战的小国中，虽然也有蔡和许，但是陈国的表现令郑人异乎寻常地愤怒：

> 初，陈侯会楚子伐郑，当陈隧者，井堙，木刊，郑人怨之。（《左传》襄公二十五年）

杜预注曰："隧，径也。堙，塞也。刊，除也。"③春秋时期，带有原始人道色彩的古老军礼还有一定影响。宋襄公在泓水之战中坚持诸如

---

① 子产以郑简公十二年（前554）位列卿位，在二十三年（前543）升任执政前共任职约10 年。
② 详见《左传》襄公十六年至二十五年。
③ 《春秋左传正义》，（清）阮元校刻：《十三经注疏》，中华书局2009 年版，第4309 页。

"君子不重伤，不禽二毛""不以阻隘也""不鼓不成列"等古代军礼（《左传》僖公二十二年）。此外，郑、陈两国还有一段颇为深厚的历史渊源，使得陈国的战场"暴行"更易激起郑人的怨恨。关于这一点，子产曾对晋国做过说明：

>   昔虞阏父为周陶正，以服事我先王。我先王赖其利器用也，与其神明之后也，庸以元女大姬配胡公，而封诸陈，以备三恪。则我周之自出，至于今是赖。桓公之乱，蔡人欲立其出，我先君庄公奉五父而立之，蔡人杀之，我又与蔡人奉戴厉公。至于庄、宣，皆我之自立。夏氏之乱，成公播荡，又我之自入，君所知也。今陈忘周之大德，蔑我大惠，弃我姻亲，介恃楚众，以凭陵我敝邑，不可亿逞，我是以有往年之告。未获成命，则有我东门之役。当陈隧者，井堙、木刊。敝邑大惧不竞而耻大姬，天诱其衷，启敝邑之心。陈知其罪，授手于我。用敢献功。

尽管陈国伐郑时违背军礼，但是郑国战胜陈国后，对陈国的处置方式还是"彬彬有礼"：

>   郑子展、子产帅车七百乘伐陈，宵突陈城，遂入之……子展命师无入公宫，与子产亲御诸门。陈侯使司马桓子赂以宗器。陈侯免，拥社，使其众男女别而累，以待于朝。子展执絷而见，再拜稽首，承饮而进献。子美入，数俘而出。祝祓社，司徒致民，司马致节，司空致地，乃还。(《左传》襄公二十五年)

郑国伐陈的表现，在战争日趋酷烈的春秋时代难得一见。宋代叶适就此评论道："子展、子产入陈，春秋伐人有礼者，惟此一事，可以想见先王之用兵。"[①] 尽管郑国的报复合乎情理，但是从当时诸侯国关系的现实出发，郑国还是作了一系列善后工作，先是派出子产向晋国献捷，随后郑伯亲自到晋国"拜陈之功"，"谢晋接受其功"，年内还再次伐陈，并最终与陈国讲和。

在对外关系上提倡礼，子产的重点目标还是大国。这一方面，他在应对晋人"征朝"和游说范宣子轻币上的表现可作代表。

---

① （宋）叶适：《习学记言序目》，中华书局1977年版，第150页。

《左传》襄公二十二年记载：

> 夏，晋人征朝于郑。郑人使少正公孙侨对，曰："在晋先君悼公九年，我寡君于是即位。即位八月，而我先大夫子驷从寡君以朝于执事，执事不礼于寡君，寡君惧。因是行也，我二年六月朝于楚，晋是以有戏之役。楚人犹竞，而申礼于敝邑。敝邑欲从执事，而惧为大尤，曰："晋其谓我不共有礼"，是以不敢携贰于楚。我四年三月，先大夫子蟜又从寡君以观衅于楚，晋于是乎有萧鱼之役。谓我敝邑，迩在晋国，譬诸草木，吾臭味也，而何敢差池？楚亦不竞，寡君尽其土实，重之以宗器，以受齐盟。遂帅群臣随于执事，以会岁终。贰于楚者，子侯、石盂，归而讨之。湨梁之明年，子蟜老矣，公孙夏从寡君以朝于君，见于尝酎，与执燔焉。间二年，闻君将靖东夏，四月，又朝以听事期。不朝之间，无岁不聘，无役不从。以大国政令之无常，国家罢病，不虞荐至，无日不惕，岂敢忘职？大国若安定之，其朝夕在庭，何辱命焉？若不恤其患，而以为口实，其无乃不堪任命，而翦为仇雠？敝邑是惧，其敢忘君命？委诸执事，执事实重图之。"

所谓"征朝于郑"就是"召郑使朝（晋）"。① 按照周代礼制，"先王制诸侯，使五年四王、一相朝也"。（《国语·鲁语上》）这就是说，朝见之礼本有定制，是诸侯之间的会见，具有"修王命"②"志业""讲礼"③以及"继好结信，谋事补阙"等一系重要的政治功能。④ 晋国先君文公、襄公虽然称霸，但都强调"其务不烦诸侯，令诸侯三岁而聘，五岁而朝，有事而会，不协而盟"。（《左传》昭公三年）此次晋国"征朝"违背传统，纯粹是对郑国发号施令。类似情况发生在晋国和鲁国之间时，如鲁襄公八年，鲁国受到征召时，只能俯首听命。子产历数郑国从简公即位以来"不朝之间，无岁不聘，无役不从"的历史，既表明郑国认可与服从晋国霸权，两事晋、楚实属不得已，也表达了对由晋、楚"政令之无常"造成的"国家罢病，不虞荐至"的不满，指出小国是否朝见大国，取决于大国的表现，

---

① 《春秋左传正义》，（清）阮元校刻：《十三经注疏》，中华书局2009年版，第4286页。
② 《左传》文公十五年："诸侯五年再相朝，以修王命。"
③ 《左传》昭公十三年："明王之制，使诸侯岁聘以志业，间朝以讲礼，再会而盟，以显昭明，自古以来，未之或失之也。"
④ 《左传》襄公元年："凡诸侯即位，小国朝之，大国聘焉。以继好结信，谋事补阙，礼之大者。"

"大国若安定之,其朝夕在庭,何辱命焉?若不恤其患,而以为口实,其无乃不堪任命,而翦为仇雠"。此番绵里藏针的陈词,晋国作何反应已经不重要,重要的是在子产为卿时期,作为小国的郑国,开始抵制大国的无礼征召。大国要想维持其霸权,对小国的利益与感受不能不有所顾忌。

《左传》襄公二十四年记载:

> 范宣子为政,诸侯之币重,郑人病之。二月,郑伯如晋,子产寓书于子西,以告宣子,曰:"子为晋国,四邻诸侯不闻令德,而闻重币,侨也惑之。侨闻君子长国家者,非无贿之患,而无令名之难。夫诸侯之贿聚于公室,则诸侯贰。若吾子赖之,则晋国贰。诸侯贰,则晋国坏;晋国贰,则子之家坏,何没没也!将焉用贿?夫令名,德之舆也;德,国家之基也。有基无坏,无亦是务乎!有德则乐,乐则能久。《诗》云:'乐只君子,邦家之基',有令德也夫!'上帝临女,无贰尔心',有令名也夫!恕思以明德,则令名载而行之,是以远至迩安。毋宁使人谓子:'子实生我',而谓:'子浚我以生'乎?象有齿以焚其身,贿也。"宣子说,乃轻币。

币的本义是"帛"①,引申为"祭祀或赠送宾客的礼物"②。诸侯朝聘会盟中使用币,是诸侯国关系中尚礼的象征。春秋霸政的维系,既需要实力作后盾,但也离不开礼的维系。春秋后期,随着晋、楚实力的下降,礼对维持霸权的意义就相对凸显。诸侯交往之礼,其实反映的还是诸侯国的关系。然而,随着礼坏乐崩,礼与其象征物相脱离,币帛有蜕变为财物的趋势。子产的前任子驷认为,"敬共币帛,以待来者"就是"小国之道"。③ 而子产孜孜以求的是重建理想的诸侯国关系,维护弱小诸侯国应有的利益和尊严。

子产的争取不是孤例。可以说,礼仪之争是第二次弭兵得以实现的重要推手。《左传》襄公二十五年记载:

> 赵文子为政,令薄诸侯之币,而重其礼。穆叔见之。谓穆叔曰:"自今以往,兵其少弭矣……若敬行其礼,道之以文辞,以靖诸侯,

---

① 《说文》:"币,帛也。"
② 《辞源》,商务印书馆1988年版,第534页。
③ 《左传》襄公八年。

兵可以弭。"

两年后，即郑简公二十四年（前546），在宋国的直接推动下，晋、楚、鲁、蔡、卫、陈、郑、许、曹等国在宋国再次会盟。《左传》襄公二十七年记载：

> 宋向戌善于赵文子，又善于令尹子木，欲弭诸侯之兵以为名。如晋，告赵孟。赵孟谋于诸大夫。韩宣子曰："兵，民之残也，财用之蠹，小国之大菑也。将或弭之，虽曰不可，必将许之。弗许，楚将许之，以召诸侯，则我失为盟主矣。"晋人许之。如楚，楚亦许之。如齐，齐人难之。陈文子曰："晋、楚许之，我焉得已？且人曰'弭兵'，而我弗许，则固携吾民矣，将焉用之？"齐人许之。告于秦，秦亦许之。皆告于小国，为会于宋。

与第一次弭兵之会相比，此次会盟的过程更加曲折和复杂。盟辞的全文未见传世，但从《左传》记载看，其中包含"晋、楚之从交相见"的规定（《左传》昭公四年），因而这是一次较为普遍的弭兵。除了晋、楚两霸，齐、秦以及广大小国事实上都纳入了弭兵的范围，弭兵的基础更为宽广。春秋争诸侯关系由此开启了一个新阶段。当时子产还不是郑国执政，郑国也不是第二次弭兵的直接推动者，但是包括子产在内的小国卿大夫以及他们所属的诸侯国，都为推动诸侯世界的普遍和平做出了自己的贡献。

有学者根据现代国际关系史的实例，将小国的处事方式归纳为五种类型：一是搭便车，二是骑墙，三是选边站，四是挑拨离间，五是中立。事实证明，五种方式都常常失效，原因在于没有正确认识小国的战略价值。如果将世界比作大机器，那么大国的地位和作用就是轴承，小国的地位和作用就是铆钉。大国和小国，地位和作用有所不同，但是不能或缺。小国发挥铆钉作用，铆住两大轴承，让世界大机器恢复常态，在保全世界的同时也保全自身。① 与上述五种处事之术相比，铆钉式处事方式需要小国之间的联合，更需要大国的配合，追求的目标不是单个或少数国家的安全，而是多数国家的"集体安全"，实现的难度较大，但成功后的效益更可观。中国春秋时期，以郑、宋为代表的诸侯小国汲汲于弭兵，就是在晋、楚等大国之间发挥铆钉作用、谋求诸侯大国的和平、"保全世界也保全自

---

① 王义桅：《大国博弈之下，小国如何自处》，《环球时报》2019年6月12日第14版。

身"的典型。从这种意义上说，通过弥合强国关系而谋求和平的铆钉式的小国处事之术不是发生在将来，而是古已有之。由于自身条件和认识境界的限制，历史上选择五种处事方式的小国比比皆是。相比而言，铆钉式的处事方式难能可贵。第二次弭兵的成功，是宋、郑等小国发挥铆钉作用（尽管当时没有这种提法）、推进诸侯国间全面和平的成果。

第三节 执政时期

子产是在第二次弭兵的三年后开始执掌郑国内外大权的。论经历，子产身为世卿子弟，从政前就对诸侯政治耳濡目染，对诸侯国关系也曾有过人的见识；担任执政前十年的为卿历练，也让子产在外处理关系方面已崭露头角。然而，轮到自己担任执政时，子产还是犹豫了：

> 郑子皮授子产政。辞曰："国小而偪，族大、宠多，不可为也。"子皮曰："……国无小，小能事大，国乃宽。"（《左传》襄公三十年）

子产的犹豫虽然包含谦让的成分，但"国小而偪"却也是郑国的真实处境。作为大族领袖，子皮除了表示充当子产的坚强后盾，还强调"国无小，小能事大，国乃宽"。这就是说，只要郑国具备"事大"的条件，又善于"事大"，"国小"就不是问题。郑国就会获得一个较为宽松的外部环境。

那么，子产执政时期，郑国究竟面临着一个怎样的外部环境呢？此时的郑国又如何"事大"呢？

春秋时期，在历经称其战乱之后，衡量诸侯国外部环境的核心指标莫过于战争。从第二次弭兵到子产去世（公元前520年），见诸《左传》的诸侯国间战事记录如下：

表3-1　前546—前520年间见诸《左传》之诸侯国间战事一览

鲁国纪年	公元纪年（公元前）	战事记录
襄二十九	544	吴人伐越
襄三十	543	羽颉……言伐郑之说焉。以宋之盟故，不可

续表

鲁国纪年	公元纪年（公元前）	战事记录
襄三十一	542	齐子尾害闾丘婴，欲杀之，使帅师以伐（鲁）阳州
昭元	541	季武子伐莒，取郓。楚告于晋曰："寻盟未退，而鲁伐莒，渎齐盟，请戮其使。" 晋荀吴帅师败狄于大卤
昭四	538	楚子、蔡侯、陈侯、许男、顿子、胡子、沈子、淮夷伐吴。 楚灭赖，迁赖于鄢，迁许于赖
昭五	537	楚子、蔡侯、陈侯、许男、顿子、沈子、徐人、越人伐吴
昭六	536	楚薳罢帅师伐吴。 齐侯如晋，请伐北燕。晋侯许之，齐侯遂伐北燕
昭八	534	楚师灭陈
昭九	533	周甘人与晋阎嘉争阎田。晋阴戎伐颍
昭十	532	鲁伐莒
昭十一	531	楚师灭蔡
昭十二	530	楚子伐徐。 晋伐鲜虞
昭十三	529	邾人、莒人愬于晋曰："鲁朝夕伐我，几亡矣。我之不共，鲁故之以。" 鲁人惧，听命。 吴灭州来
昭十五	527	晋荀吴帅师伐鲜虞
昭十六	526	齐侯伐徐
昭十七	525	晋荀吴帅师灭陆浑之戎。 楚人及吴战于长岸
昭十九	523	宋公伐邾。 楚子为舟师以伐濮。 齐高发帅师伐莒

上述25则战事记录，按具体表现又可分为5种类型：

表 3-2 25 则战事类型表

记事类别	记事编号	记事数量
吴、楚之战	第6、第8、第9、第18、第22	5
对偏远小国或边邑的战争	第2、第4、第10、第12、第13、第17、第19、第23、第25	9
"攘夷"之战	第1、第5、第15、第16、第20、第21、第24、	7
灭国	第7、第11、第14	3
战争动议（未实施）	第2	1

从以上统计可以看出，弭兵结束后的二十年间，诸侯国间的战争形势呈现如下特点：

一、中原主要诸侯国（晋、齐、秦、鲁、卫、郑、宋）之间、中原诸侯与楚国之间基本没有发生战争，显示第二次弭兵确实发挥出止战的实效，仅有的两起战事（齐、鲁之战和晋、周之战）的规模和影响都不大，对双方和其他诸侯国关系未造成显著影响，有的战争动议还被及时制止（如第2则）；

二、对于处在南北要冲上、影响晋、楚争霸格局的关键小国（郑、蔡、陈、许、赖等），晋国由于内政掣肘而疏于控制，但楚国的控制一直比较严密，一度甚至灭掉赖、陈、蔡三国，是对弭兵的公然破坏，但在不放松控制的情况下，楚国不久又允许它们复国；

三、晋、楚两霸与吴国的关系不在弭兵机制的控制范围内，晋、吴国维持盟友关系，双方合作对抗楚国；楚、吴关系比较紧张，二者直接对抗，战争比较频繁；

四、"对偏远小国或边邑的战争""攘夷"也不在弭兵的控制范围内，其数量最多，发动者涵盖大、小诸侯国，但对诸侯国关系格局的影响不大。

总之，子产执政时期，尽管战争的威胁仍然存在，局部战争也不时发生，但一个维护和平的诸侯国秩序已经初步建立。

关于国际秩序，现代（西方）国际关系理论的一个主流意见认为，"无序"才是国际关系的本质和常态。中国春秋时期的诸侯国不是近代严格意义上的国家，衡量诸侯国间的关系也不能简单套用国际关系的理论。与近代意义上的国家的无序不同，春秋时代诸侯国虽历经战乱杀伐，但从"尊王攘夷"到"弭兵"，始终都在谋求建立诸侯国间秩序，而这种秩序和一切政治秩序都被归结为"礼"。

子产是春秋诸侯国卿相中倡导和维护礼的著名代表。早在为卿时期，他在伐陈、应对晋人"征朝"和游说范宣子"轻币"时已显露出对礼的重视。那时，礼之于子产，基本上是一种自发的贵族习惯或者就事论事。执政前夕，关于诸侯国的关系准则，他开始有了"五美""五恶"的区分：

> 大适小有五美：宥其罪戾，赦其过失，救其菑患，赏其德刑，教其不及……小适大有五恶：说其罪戾，请其不足，行其政事，共其职贡，从其时命。（《左传》襄公二十八年）

执政以后，子产开始自觉地将礼作为处理对外关系的基本准则，赋予礼以时代内涵。

他注重以礼引导晋国君臣。郑简公二十五年（前541），子产出访晋国，在为晋平公分析平公病因时指出：

> 山川之神，则水旱疠疫之灾于是乎禜之；日月星辰之神，则雪霜风雨之不时，于是乎禜之。若君身，则亦出入、饮食、哀乐之事也，山川、星辰之神又何为焉？侨闻之，君子有四时：朝以听政，昼以访问，夕以修令，夜以安身。于是乎节宣其气，勿使有所壅闭湫底以露其体，兹心不爽，而昏乱百度。今无乃壹之，则生疾矣。侨又闻之，内官不及同姓，其生不殖。美先尽矣，则相生疾，君子是以恶之。故志曰："买妾不知其姓，则卜之。"违此二者，古之所慎也。男女辨姓，礼之大司也。今君内实有四姬焉，其无乃是也乎？若由是二者，弗可为也矣。四姬有省犹可，无则必生疾矣。（《左传》昭公元年）

子产反对用山川鬼神作祟解释病因的观点，讽喻晋平公要遵循四时有度的自然法则，"朝以听政，昼以访问，夕以修令，夜以安身"，同时要遵守"同姓不婚"的人伦规则。无论是自然法则的遵守，还是人伦规则，在周代社会，都是守礼的体现。

《左传》昭公十六年记载，晋国权臣韩宣子试图以索贿的方式从郑国商人手中取得玉环，被子产坚决拒绝。对此他解释了"为国非不能事大、字小之难，无礼以定其位之患"的道理：

> 吾非偷晋而有二心，将终事之，是以弗与，忠信故也。侨闻君子

非无贿之难，立而无令名之患。侨闻为国非不能事大、字小之难，无礼以定其位之患。夫大国之人令于小国，而皆获其求，将何以给之？一共一否，为罪滋大。大国之求，无礼以斥之，何餍之有？吾且为鄙邑，则失位矣。若韩子奉命以使，而求玉焉，贪淫以甚，独非罪乎？出一玉以起二罪，吾又失位，韩子成贪，将焉用之？且吾以玉贾罪，不亦锐乎？

韩宣子索贿不成，便改为强买。子产于是又以郑国保护商人的传统说明强卖对诸侯关系根本原则的损害：

今吾子以好来辱，而谓敝邑强夺商人，是教敝邑背盟誓也，毋乃不可乎！吾子得玉，而失诸侯，必不为也。若大国令，而共无艺，郑鄙邑也，亦弗为也。侨若献玉，不知所成。敢私布之。

经过子产的一番利害分析，韩宣子终于打消了购买玉环的念头。

子产将礼作为诸侯国交往的准则。郑简公二十五年，晋国因鲁襄公之丧而怠慢来访的郑简公和子产，子产"使尽坏其馆之垣而纳车马焉"，还用晋文公接待诸侯的礼数批评晋国失礼：

侨闻文公之为盟主也，宫室卑庳，无观台榭，以崇大诸侯之馆，馆如公寝；库厩缮修，司空以时平易道路，圬人以时塓馆宫室；诸侯宾至，甸设庭燎，仆人巡宫；车马有所，宾从有代，巾车脂辖，隶人、牧、圉各瞻其事；百官之属各展其物；公不留宾，而亦无废事；忧乐同之，事则巡之；教其不知，而恤其不足。宾至如归，无宁菑患；不畏寇盗，而亦不患燥湿。

今铜鞮之宫数里，而诸侯舍于隶人，门不容车，而不可逾越；盗贼公行，而天厉不戒。宾见无时，命不可知。若又勿坏，是无所藏币以重其罪也。(《左传》襄公三十一年)

经过子产的批评，晋国终于认识到己方怠慢郑国君臣的错误，郑国的尊严得以维护，晋国也因此恢复了接待诸侯的应有之礼。

郑定公元年（前529），子产在诸侯平丘之会上争取解除小国的不合理贡赋：

> 昔天子班贡，轻重以列。列尊贡重，周之制也。卑而贡重者，甸服也。郑伯，男也，而使从公侯之贡，惧弗给也，敢以为请。诸侯靖兵，好以为事。行理之命无月不至，贡之无艺，小国有阙，所以得罪也。诸侯修盟，存小国也。贡献无艺，亡可待也。存亡之制，将在今矣。（《左传》昭公十三年）

郑国因子产的争取而减轻了不合理贡赋，而诸侯国间关于诸侯贡赋的礼制规定也因此而得到重申。

子产在诸侯交往中对礼的重视并非小题大做。以朝聘为代表的诸侯交接礼仪，是诸侯国联络的重要手段，对加强两国关系具有重要意义。与一国内注重尊卑差异的礼制有所不同的是①，诸侯国交接中礼仪讲求"敬让"。《礼记·聘义》："诸侯相接以敬让，则不相侵陵。"据说，子产向楚国"献伯子男会公之礼六"（《左传》昭公四年）。其实就是将礼作为增进诸侯国情感、防范侵陵的手段。

弭兵虽然带来了诸侯世界的和平，但是在享受弭兵红利的同时，子产及其时代的政治家仍不放弃对外部世界的警惕。弭兵协议达成后，向戌向宋公邀功请赏，宋大夫子罕批评道：

> 凡诸侯小国，晋、楚所以兵威之，畏而后上下慈和，慈和而后能安靖其国家，以事大国，所以存也。无威则骄，骄则乱生，乱生必灭，所以亡也。天生五材，民并用之，废一不可，谁能去兵？兵之设久矣，所以威不轨而昭文德也。圣人以兴，乱人以废。废兴、存亡、昏明之术，皆兵之由也……而子求去之，不亦诬乎！以诬道蔽诸侯，罪莫大焉！（《左传》襄公二十七年）

次年，蔡景公朝晋时路过郑国。子产对这位小国之君的无礼表现提出批评：

> 蔡侯其不免乎！日其过此也，君使子展迓劳于东门之外，而傲。吾曰犹将更之。今还，受享而惰，乃其心也。君小国，事大国，而惰傲以为己心，将得死乎？若不免，必由其子。其为君也，淫而不父。

---

① 《史记·乐书》中有"礼别异"。《史记集解》引郑玄注曰："辨异，异尊卑之位。"《史记正义》："礼别于尊卑之事也。"见司马迁《史记》，中华书局1982年版，第1202页。

侨闻之，如是者，恒有子祸。

弭兵以后，晋、楚两国对郑国的争夺由以往的武力威胁变为和平角力，试图通过土地赠予和通婚等方式拉拢、渗透（《左传》昭公七年）。对此，子产和郑国统治层都小心加以防范。

当然，最有力的防范还是自强。子产曾经以近邻陈国为例，说明诸侯国自身的强大对防范外强的意义：

> 郑子产如陈莅盟，归，复命。告大夫曰："陈，亡国也，不可与也。聚禾黍，缮城郭，恃此二者，而不抚其民。其君弱植，公子侈，大子卑，大夫敖，政多门，以介于大国，能无亡乎？不过十年矣。"（《左传》襄公三十年）

《左传》襄公三十一年记载：

> 子产之从政也，择能而使之：冯简子能断大事；子大叔美秀而文，公孙挥能知四国之为，而辨于其大夫之族姓、班位、贵贱、能否，而又善为辞令。裨谌能谋，谋于野则获，谋于邑则否。郑国将有诸侯之事，子产乃问四国之为于子羽，且使多为辞令；与裨谌乘以适野，使谋可否；而告冯简子使断之。事成，乃授子大叔使行之，以应对宾客，是以鲜有败事。北宫文子所谓有礼也。

在郑国贤人的支持下，子产在郑国推行三大改革，"作封洫""作丘赋""铸刑书"，国家秩序井然，"都鄙有章，上下有服；田有封洫，庐井有伍"。（《左传》襄公三十年）即使在他去世后，子大叔继任执政，子产执政时期的对外政策得以延续，国家实力稳步增强。

子产离世十六年后，楚国与中原诸侯再起战端。《春秋》定公四年记载：

> 三月，公会刘子、晋侯、宋公、蔡侯、卫侯、陈子、郑伯、许男、曹伯、莒子、邾子、顿子、胡子、滕子、薛伯、杞伯、小邾子、齐国夏于召陵，侵楚。
>
> 冬，十有一月庚午，蔡侯以吴子及楚人战于柏举，楚师败绩。楚囊瓦出奔郑。庚辰，吴入郢。

而中原诸侯内部,晋国在中原的霸权也在南北开战七年后丧失。相比而言,郑国在多年韬光养晦后,一度出现中兴之势。《左传》定公十一年记载:"冬,(鲁)及郑平,始叛晋也。"杜预注:"鲁自僖公以来,世服于晋,至今而叛,故曰始。"杨伯峻解释道:"晋因赵、范内讧,同盟解体,于是齐、郑、卫、鲁四国之好形成,晋遂失诸侯。"①

顾栋高比较子产前后郑国处理对外关系的表现,认为在子产之前的郑国,"其术常出于顽钝无耻,卑污忍诟,民鲜罹战斗之苦,而有征赋之扰,其时国势亦赖以少安",而子产能"折衷于大道,适遇向戌弭兵,两事晋、楚,能事楚而不受楚害,事晋而不为晋屈,本之以礼,而善其辞令,故仲尼称之,有君子之道"②。子产准确把握霸政的特征,积极维护郑国的权益,对郑国的长期自保与发展具有重要意义。

表3-3 子产时期诸侯国关系大事记

鲁纪	郑纪	诸侯国关系大事记
襄八	简元	●郑侵蔡,获蔡司马。郑人皆喜,唯子产不顺。 ●楚伐郑,讨其侵蔡也。子驷、子国、子耳欲从楚,子孔、子蟜、子展欲待晋。乃及楚平,使告于晋。
襄九	简二	●晋侯、鲁侯、宋公、卫侯等十二国伐郑,郑人乃行成。 ●楚子伐郑。子驷曰:"吾固唯强是从",乃及楚平。楚王未能定郑而归。
襄十	简三	●晋侯、宋公等十二诸侯会吴子寿梦。 ●楚、郑伐宋,侵鲁。 ●晋、宋等十一国伐郑。城虎牢而戍之,郑及晋平。 ●楚子囊救郑。诸侯之师侵郑北鄙而归,楚人亦还。
襄十一	简四	●郑人患晋、楚之故,谋固与晋。郑子展侵宋,诸侯伐郑,郑人行成。楚子、郑伯伐宋,诸侯复伐郑。 ●郑人使良霄、大宰石㚥如楚,告将服于晋,楚人执良霄。郑人使王子伯骈行成,子展出盟晋侯。 ●秦庶长鲍、庶长武帅师伐晋以救郑,晋师败绩。

---

① 杨伯峻:《春秋左传注》,中华书局1990年版,第1584页。
② (清)顾栋高:《春秋大事表》,中华书局1993年版,第1894页。

第三章　子产与郑国的对外关系

续表

鲁纪	郑纪	诸侯国关系大事记
襄十二	简五	• 楚、秦伐宋，以报晋之取郑也。
襄十三	简六	• 郑大宰石㚟说楚归郑行人良宵。
襄十四	简七	• 晋、鲁、齐、宋、卫、郑等十三国伐秦，以报栎之役也。 • 范宣子假羽毛于齐而弗归，齐人始贰。 • 楚伐吴。
襄十五	简八	• 郑尉氏、司氏之乱，其余盗在宋。郑人以子西、伯有、子产之故，纳赂于宋，赎余盗。
襄十六	简九	• 晋、鲁、宋、郑伯等十一国会于溴梁。鲁、晋、宋、卫、郑、小邾之大夫盟，曰："同讨不庭。" • 许男请迁于晋，许大夫不可，晋伐许大夫。郑相郑伯以从诸侯之师，伐许。 • 晋伐楚，以报宋杨梁之役，及楚师战于湛阪，楚师败绩。晋师遂侵方城之外，复伐许而还。
襄十八	简十一	• 晋、宋、鲁、卫、郑等十二国围齐。 • 郑子孔欲去诸大夫，未果。
襄十九	简十二	• 晋、宋、鲁、卫、郑等十二国盟于祝柯（督扬），曰："大毋侵小。" • 晋、卫伐齐。 • 郑公孙虿卒，晋侯请王追赐之大路。
襄二十	简十三	• 晋、鲁、齐、宋、卫侯、郑伯等十三国盟于澶渊，齐成故也。
襄二十一	简十四	• 晋、鲁、齐、宋、卫、郑等八国会于商任，会于商任，锢栾氏也。
襄二十二	简十五	• 晋人征朝于郑。郑人使少正公孙侨（子产）对。
襄二十四	简十七	• 郑伯朝晋，子产为重币故说范宣子，且请伐陈。 • 晋、宋、鲁、郑等十二国相会，将伐齐，水，不克。 • 楚伐郑以救齐，诸侯还救郑，楚、蔡、陈、许男伐郑。
襄二十五	简十八	• 郑子展、子产帅车七百乘伐陈。 • 子产献捷于晋。子展相郑伯如晋，拜陈之功。 • 子西复伐陈，陈及郑平。
襄二十六	简十九	• 楚、秦侵吴，闻吴有备而还，遂侵郑。 • 子产离间秦、楚，秦人归郑囚印堇父。 • 晋、鲁、宋、郑、曹人于澶渊，以讨卫，晋侯归卫侯。 • 许灵公如楚，请伐郑。楚伐郑，子产谓晋、楚将平，故郑不御寇，楚亦不为害。

续表

鲁纪	郑纪	诸侯国关系大事记
襄二十七	简二十	• 晋、楚、鲁、蔡、卫、陈、郑、许、曹等九国为弭兵,再会于宋,晋、楚之从交相见。
襄二十八	简二十一	• 齐、陈、蔡、北燕、杞、胡、沈、白狄朝于晋,宋之盟故也。子产相郑伯以如楚。
襄二十九	简二十二	• 晋平公,杞出也。知悼子合诸侯之大夫以城杞。 • 吴公子札聘鲁、齐、郑、卫、晋。过郑,见子产。 • 郑伯有使公孙黑如楚,辞曰:"楚、郑方恶,而使余往,是杀余也"。
襄三十	简二十三	• 子产相郑伯以如晋。 • 为宋灾故,诸侯之大夫会于澶渊,既而无归于宋。
襄三十一	简二十四	• 子产相郑伯以如晋,晋侯以鲁丧故,未之见也。子产有辞,晋人谢不敏。 • 郑子皮使印段如楚,以适晋告。 • 吴子使聘于晋,通路也。 • 北宫文子相卫襄公以如楚,过郑,曰:"郑有礼,其数世之福也,其无大国之讨乎!……礼之于政,如热之有濯也。濯以救热,何患之有?"
昭元	简二十五	• 楚公子围聘于郑,且娶于公孙段氏。 • 晋、楚、齐、鲁、宋、卫、陈、蔡、郑、许、曹等十一国会于虢,寻宋之盟。 • 晋侯有疾,郑伯使子产如晋聘,且问疾。 • 楚公子围使公子黑肱、伯州犁城犨、栎、郏,郑人惧,子产曰"不害"。
昭三	简二十七	• 郑伯如晋,公孙段相,甚敬而卑,礼无违者,晋侯嘉焉。 • 郑罕虎如晋,贺夫人,且告欲朝楚。郑伯如楚,子产相。
昭四	简二十八	• 楚子、蔡侯、陈侯、郑伯、许男、徐子、滕子、顿子、沈子、小邾子、宋世子佐、淮夷会于申,楚子以诸侯伐吴。 • 吴伐楚,入棘、栎、麻,以报朱方之役。
昭五	简二十九	• 子产相郑伯会晋侯于邢丘。 • 郑罕虎如齐,娶于子尾氏。晏子骤见之。陈桓子问其故。对曰:"能用善人,民之主也。"
昭六	简三十	• 楚公子弃疾如晋,报韩子也。

续表

鲁纪	郑纪	诸侯国关系大事记
昭七	简三十一	●郑子产聘于晋。晋侯有疾,子产主晋祀夏郊。晋侯有间,赐子产莒之二方鼎。 ●子产为丰施归州田于韩宣子。
昭八	简三十二	●游吉相郑伯以如晋,贺虒祁也。史赵见子大叔,曰:"甚哉其相蒙也!可吊也,而又贺之。"子大叔曰:"若何吊也?其非唯我贺,将天下实贺。"
昭十一	简三十五	●楚诱蔡侯般杀之于申。楚公子弃疾帅师围蔡。 ●晋、齐、鲁、宋、卫、郑、曹、杞会于厥慭,谋救蔡。 ●晋人使狐父请蔡于楚,弗许。 ●楚灭蔡,用隐大子于冈山。 ●楚子城陈、蔡、不羹。使弃疾为蔡公。
昭十三	定元	●楚平王封陈、蔡,复迁邑,致群赂,施舍、宽民,宥罪、举职。 ●楚平王使聘于郑,且致犫、栎之田。事毕弗致。 ●晋合诸侯于平丘。子产、子大叔相郑伯以会,及会,子产争承。
昭十六	定四	●宣子有环,其一在郑商。宣子谒诸郑伯,子产弗与。
昭十八	定六	●楚子使王子胜迁许于析,实白羽。
昭十九	定七	●郑驷偃卒。子游娶于晋大夫,生丝,弱,其父兄立子瑕。子产憎其为人也,且以为不顺,弗许,亦弗止。驷氏耸。他日,丝以告其舅。冬,晋人使以币如郑,问驷乞之立故。驷氏惧,驷乞欲逃,子产弗遣;请龟以卜,亦弗予。大夫谋对,子产不待而对客曰:"郑国不天,寡君之二三臣札瘥夭昏,今又丧我先大夫偃。其子幼弱,其一二父兄惧队宗主,私族于谋,而立长亲。寡君与其二三老曰:'抑天实剥乱是,吾何知焉?'谚曰'无过乱门',民有乱兵,犹惮过之,而况敢知天之所乱?今大夫将问其故,抑寡君实不敢知,其谁实知之?平丘之会,君寻旧盟曰:'无或失职!'若寡君之二三臣,其即世者,晋大夫而专制其位,是晋之县鄙也,何国之为?"辞客币而报其使,晋人舍之。
昭二十	定八	●郑杀楚太子建。 ●子产卒。

第四章　子产与春秋时期的政治观念

春秋时期是一个礼坏乐崩的时期，也是一个礼制再造的时期。作为"有礼者"（《左传》襄公三十年），子产为郑国统治集团所赏识，被授予执政之职；作为"守礼者"，子产向霸国据"礼"力争，维护郑国的权益；作为"知礼者"，子产又常常能打破一些相沿既久的仪式性做法，为郑国在国际舞台上的活动创造更好的条件。子产以"礼"执政，在诸侯各国享有盛名。在这个"礼"与"政"的结合既被视为理所当然，但又已经在现实政治中走向分裂的时代，无论是子产对"礼"的掌握、还是他对"礼"的援用、抑或对"礼"的超越，都深深地体现了这个时代"礼"与"政"二者之间的微妙关系，深刻地反映了春秋后期在"礼"中徘徊和寻求突破的"政"的走向。子产曾说："政如农功，日夜思之，思其始而成其终，朝夕而行之。行无越思，如农之有畔，其过鲜矣。"（《左传》襄公二十五年）本章旨在通过考察子产对"礼"的理解和运用，以及他对"礼"与"刑"关系的新探索与实践，来认识子产，并进而认识整个春秋政治观念的转型。

第一节　关于"礼"的探索

提起礼学，人们通常首先想到的是孔子与儒家。诚然，后世礼学主要是由儒家传承下去的，将孔子及其若干后学看作礼学宗师自在情理之中。不过，孔子自己也说过，"吾述而不作"（《论语·述而》）。在先秦诸子中，儒家思想有着深厚的思想渊源，其礼学思想直接来源于春秋时期众多有识之士对"礼"的思考和探索。面对"礼坏乐崩"，当时的众多贤哲提出了许多或长或短的关于礼的论断，他们个人的立身行事又往往对礼学思想本身的发展提供了现实依据。子产，正是这些贤哲中最有代表性的一员。

第四章 子产与春秋时期的政治观念

一 "礼"的性质

"礼"首先是一种规则体系。按照《尚书·洪范》的记载，鲧之前似乎就有一种涵盖天地与人事的规则体系——"洪范九畴"，包括"五行""五事""八政""五纪""皇极""三德""稽疑""庶征"以及"九福"等九大规则系统，不但内容无所不包，而且体系也高度规整。可是它与"礼"有何关系，《洪范》只字未提。况且，《洪范》写成的时代，诸家争议颇多①，晚出的可能性颇大。因此，能否用它来考察西周时期人们的思想观念本身就是问题。而《诗·大雅·烝民》中有"天生烝民，有物有则"。现代学者多将"有物有则"解释为"有事物就有法则"，似乎西周时期人们便意识到普遍规则的存在。其实，原诗的主旨是赞美王臣仲山甫，说他是人们效法的对象②。"物"与"则"都是"法"（意为人所效法的对象或标准）③。古人将"物"解释为"事"④、"性情"⑤，或者"天"⑥，实际上有悖于诗旨。当然，"断章取义"是先秦引诗习惯所允许的，但是晚出的理解不能用作西周时期必有其义的证明。当时人们对礼的关注，大体上只是笼统地维护礼的重要性，如"君子以非礼弗履"（《易·大壮》）以及对无礼者的诅咒——"人而无礼，胡不遄死？"（《诗·鄘·相鼠》）。"周监于二代，郁郁乎文哉"（《论语·八佾》），礼治的隆盛是西周社会政治区别于夏商两代的主要标志。可是，从现有文献来看，当时人们对礼的概念却并未做过说明界定。之所以如此，与其说当

---

① 《洪范》写定的时代，有"殷商说"（刘起釪：《〈洪范〉成书时代考》，《中国社会科学》1980年第3期）、"周初说"（陈蒲清：《〈尚书·洪范〉作于周初考》，《湖南师范大学学报》2003年第1期），"周中期说"（李军靖：《〈洪范〉著作时代考》，《郑州大学学报》2004年第2期）、"春秋说"（杜勇：《〈洪范〉制作年代新探》，《人文杂志》1995年第3期）、"战国说"《洪范疏证》，《东方杂志》1928年第8期）以及"汉代说"（汪震：《〈尚书·洪范〉考》，《北平晨报》1932年1月20日）等六家说法。
② 《诗》序："《烝民》，尹吉甫美宣王也。任贤使能，周室中兴焉。"
③ 《经义述闻·通说上·物》："物也，则也，皆法也。"［（清）王引之撰，钱文忠等整理，朱维铮审阅《经义述闻》，上海书店出版社2012年版，第296页］。
④ 毛传："物，事。"
⑤ 郑玄《毛诗笺》："天之生众民，其性有物象，谓五行：仁、义、礼、知、信也。其情有所法，谓喜怒哀乐好恶也。然而民所执持有常道，莫不好有美德之人。"［《毛诗正义》，（清）阮元校刻：《十三经注疏》，中华书局2009年版，第1224页］
⑥ 《韩诗外传》卷六："言民之秉德以则天也。"［（汉）韩婴撰，许维遹校释：《韩诗外传集释》，中华书局1980年版，第219页］清代胡承珙《毛诗后笺》："是以'有物'指天，'有则'指人之法天。"［（清）胡承珙撰；郭全芝校点：《毛诗后笺》，黄山书社1999年版，第1445页］

时的思想比较质朴，理论抽象能力还有限，不如说，由于礼治隆盛，对作为"公理"规则的礼，人们还缺乏进行解释的压力与动力。

春秋时期，面对礼坏乐崩的现实，礼的存废开始成为人们焦虑的主要问题。有识之士，或者在宏观上维护礼的至上地位，如"夫礼，王之大经"（《左传》昭公十五年），"礼，国之干也"（《左传》僖公十一年），"无礼必亡"（《左传》昭公二十一年），"夫礼，死生存亡之体也……其人之急也乎！"（《左传》定公十五年）；或者试图揭示礼的功能，如"夫礼，所以正民也"（《国语·鲁语上》），"礼之于政，如热之有濯也。濯以救热，何患之有？"（《左传》襄公三十一年），甚至将礼视为国势强盛的标志。如齐桓公时问其臣仲孙湫可否伐鲁，仲孙湫以为不可，因为鲁"犹秉周礼。周礼，所以本也"（《左传》闵公元年）。然而，也有许多人对礼的认知，却仅仅停留在形式上。《左传》昭公五年记载：

（鲁昭）公如晋，自郊劳至于赠贿，无失礼。晋侯谓女叔齐曰："鲁侯不亦善于礼乎？"对曰："鲁侯焉知礼！"公曰："何为？自郊劳至于赠贿，礼无违者，何故不知？"对曰："是仪也，不可谓礼。礼，所以守其国，行其政令，无失其民者也。"

完整的周礼包括制度之"礼"（封建、宗法等制度）、礼义之"礼"以及仪式之"礼"。① 在"礼坏乐崩"的过程中，由于制度之"礼"是社会存在的基础，一旦破坏便难以重建；而礼义之"礼"属于抽象思维，前者的瓦解既使它难以维系，而一般情况下人们也不会对它过多深究；只有仪式之"礼"——"仪"有其存在的惯性，随着礼崩乐坏程度的加剧，礼在许多人心目中便只剩下徒具形式的"仪"了。

鲁昭公二十五年，晋卿赵简子向郑卿子大叔问"揖让、周旋之礼"。子大叔也指出："是仪也，非礼也。"赵简子反问，何谓礼？子大叔便将子产对礼的界定介绍给赵简子：

夫礼，天之经也，地之义也，民之行也。②

---

① 王启发将礼区分为"制度之礼""礼义之礼"与"行为之礼"（《礼学思想体系探源》，中州古籍出版社2005年版，第4页）。按："行为之礼"在含义上与"制度之礼"，尤其是"行为之礼"存在交叉，若改为"仪式之礼"或更妥。

② 杜预注："行者，人所履。"

如何理解子产对礼的界定，子大叔做了详细说明：

> 天地之经，而民实则之。则天之明，因地之性，生其六气，用其五行。气为五味，发为五色，章为五声。淫则昏乱，民失其性。是故为礼以奉之：为六畜、五牲、三牺，以奉五味；为九文、六采、五章，以奉五色；为九歌、八风、七音、六律，以奉五声。为君臣上下，以则地义；为夫妇外内，以经二物；为父子、兄弟、姑姊、甥舅、昏媾、姻亚，以象天明，为政事、庸力、行务，以从四时；为刑罚威狱，使民畏忌，以类其震曜杀戮；为温慈惠和，以效天之生殖长育。民有好恶、喜怒、哀乐，生于六气，是故审则宜类，以制六志。哀有哭泣，乐有歌舞，喜有施舍，怒有战斗；喜生于好，怒生于恶。是故审行信令，祸福赏罚，以制死生。生，好物也；死，恶物也。好物，乐也；恶物，哀也。哀乐不失，乃能协于天地之性，是以长久……礼，上下之纪、天地之经纬也，民之所以生也，是以先王尚之。故人之能自曲直以赴礼者，谓之成人。（《左传》昭公二十五年）

按照子大叔的解说，子产对礼的新界定中包含三个基本要素："天地之经""上下之纪"与"民之所以生"。三者之中，"天地之经"是礼的原则依据与合理性的来源；"上下之纪"是礼的表现形式；"民之所以生"则是礼存在的目的。概括地说，礼是效法"天地之经"（宇宙法则），保障人们生活（"民之所以生"）的一种普遍规范（"上下之纪"）。这是"夫礼，天之经也，地之义也，而民行之"的含义之所在。子大叔在政治上是子产长期亲密的合作者，也是子产职位、思想的继承者。他的阐释应该符合子产的本意。

二 "礼"的内涵

在子产对礼的界定中，涉及先秦礼学两个最基本的问题：一是礼与天道的关系，二是礼与物欲的关系。弄清子产在这两个问题上的立场是把握子产礼学观念的关键。

（一）礼与天道的关系

春秋时期将礼与天联系起来的并非只有子产一人。子产之前，曾经有"民受天地之中以生，所谓命也。是以有动作礼义威仪之则，以定命也"（《左传》成公十三年）的观点。与子产同时期的晏婴也认为：

> 礼之可以为国也久矣，与天地并。君令、臣共、父慈、子孝、兄爱、弟敬、夫柔、妻和、姑慈、妇听，礼也。君令而不违，臣共而不贰；父慈而教、子孝而箴；兄爱而友，弟敬而顺；夫和而义，妻柔而正；姑慈而从，妇听而婉：礼之善物也。……（礼者，）先王所禀于天地以为其民也，是以先王上之。（《左传》昭公二十六年）

在晏婴的定义中，"所禀于天地"的"天"究竟是"天命"之天，还是"天理"之天，实际上并不清楚。子产将礼界定为"天之经也，地之义也，民之行也"，第一次比较明确地在"天理"意义上使用"天"的概念。诚如李景林先生所指出的那样："这是春秋时人关于礼的宇宙本体意义的最有系统的论述。"①

我们也知道，子产曾经说过："天道远，人道迩，非所及也。"（《左传》昭公十八年）对于神秘意义的"天道""鬼神"，子产保持了一种较为理智的政治家的态度。尽管他不能超越怪力乱神，但是他重人事、轻鬼神，展现了古代政治家面对待天道鬼神时的克制与实用态度。在子产对礼的定义中，天道被赋予了宇宙法则的意义。当天的神秘意义被抽离后，自然的天便可以成为礼制原则的理论来源。

在子产的礼学观念中，"天地之经"（天道）为什么是礼所效法的对象？按照子大叔的解释，人们天然地对天地怀有敬畏之情，只有将礼置于天地固有规则这一意义上，才能得到人们的效法。相反，如果不是天地之经，很难说人们还会敬畏和效法它。从现代科学来看，天地之经与人事法则之间没有必然联系。子产如此立论，人们可能首先想到的是学术界在研究老庄学说时惯常使用的"法天地"，或者"天人合一"等字眼。其实，这是对原始巫术观念的借鉴。"原始人认为，自然界总是按不变的秩序演进的，只要掌握了事物嬗变、衍生的奥秘，就能够成功地控制自然力。他们用以控制自然的方法就是巫术。"② 效法天地的思想，既不是后世道家的专利，也不是子产的发明。《左传》文公十五年记载有"礼以顺天，天之道也"，《国语·周语下》也有"经之以天，纬之以地。经纬不爽，文

---

① 李景林：《教化的哲学》，黑龙江人民出版社2006年版，第273页。
② 赵世超：《论巫术的兴衰与西汉文化的民间色彩》，《陕西师范大学学报》1997年第4期。

之象也"的论断。上文晏婴所谓的"禀于天地"也是这个意思。只有遵循"天地之经",才能使天生"六气",民用其"五行",从而获得生活所需的最基本的物质条件。

与子产同时而稍晚的孔子是礼治的积极提倡者,他也反对以"仪"代礼的庸俗化倾向,"礼云礼云,玉帛云乎哉?乐云乐云,钟鼓云乎哉?"(《论语·阳货》)他对"性"与"天道"等这类具有神秘意义的对象都持有一种敬而远之的态度。"夫子之文章,可得而闻也;夫子之言性与天道,不可得而闻也。"(《论语·公冶长》)立足人事是孔子陈说立论的基本方式。"人而不仁,如礼何?"(《论语·八佾》)尽管如此,为了使自己的学说有所依托,孔子还是注意到了(本)性与礼的关系——"性相近也,习相远也。"(《论语·阳货》)至于天,孔子固然敬畏"天命",认为"君子有三畏,畏天命,畏大人,畏圣人之言"(《论语·季氏》),但是"天地之经"在他看来却那么平易,"天何言哉!四时行焉,百物生焉;天何言哉?"(《论语·阳货》)战国时期,从心性角度为礼立论的思路得到过较为充分的发展。《郭店楚简·语从二》中即有"情生于性,礼生于情"的说法①。思、孟学派以及荀子一派对心性问题都提出了自己的见解。孟子认为,礼源于人的本性。在《公孙丑上》篇,孟子说:"辞让之心,礼之端也。"在《告子上》篇,孟子又说,"恭敬之心,礼也。"其实二者的含义是一致的,即礼源于心性。此外,孟子虽然也说过"尽其心者,知其性也,知其性则知天矣"(《孟子·尽心上》)的话,但是心性明显是中间环节,礼的直接的源头仍然是人的本性。

在人性本善还是本恶的问题上,荀子与孟子虽然是对立的,但在礼本于人性的思路上二者没有根本的不同。在荀子的礼学专论——《礼论》②中,他指出:

> 礼有三本:天地者,生(性)③之本也;先祖者,类之本也;君师者,治之本也。无天地,恶生?无先祖,恶出?无君师,恶治?三者偏亡,焉无安人。故礼,上事天,下事地,尊先祖,而隆君师,是

---

① 荆门市博物馆:《郭店楚墓竹简》,文物出版社1998年版,第203页。
② 《史记·礼书》及《大戴礼记·礼三本》均源自《荀子·礼论》。侯外庐等主编的《中国思想通史》(人民出版社1957年版,第一册第576页)指出:"汉人编纂《礼记》,就大量地采用了他的理论。自此以后,儒家的理论,只能做些注疏的工作,再也没有新的进展。"
③ 《大戴礼记·礼三本》袭自《荀子》。"生之本"在《大戴礼记》中作"性之本"。

礼之三本也。

天地、先祖以及君师是礼的三要素。天地之所以重要，在于它是人的本性的源泉。荀子主张人性本恶，没有礼约束的恶性是不足以担当普遍规则的，于是需要礼的修正。"人之性恶，其善者伪也。"（《荀子·性恶》）我们进一步看到，在荀子笔下，不是天地充当礼的规则来源，反而是礼充当着天地规则的角色：

> 凡礼，……天地以合，日月以明，四时以序，星辰以行，江河以流，万物以昌……万变不乱，贰之则丧也。

子产将"天地之经"转化为礼的规则，孔、孟、荀将礼转化为"天地之经"，二者在结果上看似一致，但是它们所代表的礼学观念却不尽相同。子产将"天地之经"作为礼的规则源泉，客观上强调了礼的至上性与至普遍性。孔、孟、荀将本性作为礼的规则源泉，则是主观上强调修身养性的体现。换言之，在理论规则的来源上，如果说孔、孟、荀是"本性派"，那么他们之前的子产则是"天道派"。

（二）礼与欲望的关系

人们遵从天地之经，六气得以生成。可是，六气生成后就会散发五味、五色与五声。相对于六气，它们形式繁复，对人们构成一定的诱惑，其极端状态，就是后来道家所谓的"五色令人目盲，五音令人耳聋，五味令人口爽，驰骋畋猎，令人心发狂，难得之货令人行妨"。（《老子》第十二章）因此，人们对这些物欲的追求必须保持一定的限度，否则就会引起昏乱，丧失其本性。

对物欲的适当节制，是春秋礼学思潮的一个基本倾向。《左传》昭公元年记载，秦国名医医和曾指出：

> 天有六气，降为五味，发为五色，征为五声。淫生六疾。六气曰阴、阳、风、雨、晦、明也，分为四时，序为五节，过则为菑：阴淫寒疾，阳淫热疾，风淫末疾，雨淫腹疾，晦淫惑疾，明淫心疾。（《左传》昭公元年）

为了节制欲望，保持人的本性，礼应运而生。具体来说，是用"六畜""五牲""三牺"来保持对五味的追求；用"九文""六采""五章"

保持对五色的追求；用"九歌""八风""七音""六律"保持五声的追求。"五牲""三牺"虽然是祭祀的名目，并非常人所食用，但是还用它们奉五味，这是古人"礼推人道以事神"① 观念的产物。神所享用的也是人食，只是出于对鬼神的尊敬而改换名称罢了。其他诸如"九文""八风"之类，看似烦琐奢华，其本意都是使人们的欲望保持在适当的范围内。子产曾经说过：

> 君子有四时：朝以听政，昼以访问，夕以修令，夜以安身。于是乎节宣其气，勿使有所壅闭湫底以露其体，兹心不爽，而昏乱百度。今无乃壹之，则生疾矣。（《左传》昭公元年）

礼在调节人们对五味、五色以及五声的追求中产生，但是礼的调节作用却不仅限于此。它还制定了君臣上下的关系，以效法天地之间的秩序；规范夫妇内外的关系以合乎阴阳；制定父子、兄弟、姑姊、甥舅、昏媾、姻亚之间的关系，以象征上天的神明；安排政事农作，以效法四季；还要制作刑罚牢狱，使人民感到畏惧，以此效法雷电的杀伤；制定温和慈祥的措施，以效法上天生长万物。这就是说，礼也是对社会政治的规范。

礼的功能也不止于社会政治规范，它还是调节人们情感的规范。人有好恶、喜怒、哀乐等六种情感，它们是六气所生，六气是天地之气，因此要审慎地效法、适当地模仿，以此制约"六志"。"六志"即"六情"。②哀痛有哭泣，欢乐有歌舞，高兴有施舍，愤怒有战斗；高兴缘于爱好，愤怒缘于厌恶，所以行事要审慎，发布命令要讲信用，用祸福赏罚来制约生死。生，是人们喜欢的；死是人们厌恶的。爱好的事物是人们的快乐，厌恶的事物是人们的哀伤。要使哀伤与欢乐都合乎礼的规定，人们才能使自己合乎天地的本性，这样才能长久。

五味、五色、五声，社会政治关系以及情感都是礼规范的对象。它们可以统称为欲望，因此，礼是对欲望的规范。在子产的礼学观念中，欲望存在的正当性是得到肯定的。子产曾说，"无欲实难。皆得其欲，以从其事，而要其成"，但是他也主张对欲望进行广泛、系统的规范。在他统治下，郑国"都鄙有章，上下有服；田有封洫，庐井有伍。大人之忠俭者，

---

① 《春秋左传正义》，（清）阮元校刻：《十三经注疏》，中华书局 2009 年版，第 4577 页。
② 《春秋左传正义》，（清）阮元校刻：《十三经注疏》，第 4579 页。

从而与之；泰侈者因而毙之"。(《左传》襄公三十年)不仅如此，人们还应该"自曲直以赴礼"，这样的人才称为"成人"。当然，这里的"成人"不是生理上的长大，而是道德修养上的成熟。尽管子大叔对"成人"问题语焉不详，但是可以肯定，子产的礼学观念也涉及修身问题。如上所述，对情感的规范其实就是修身养性的体现。如此看来，子产不仅是一个规范的制定者，还是修身养性的提倡者。

儒家尽管在礼的理论依据上有时与子产有所不同，但是在礼与欲望的关系上却没有原则上的区别。例如，孔子认为："富与贵，是人之所欲也；不以其道得之，不处也。贫与贱，是人之所恶也；不以其道得之，不去也。"(《论语·里仁》)荀子说：

> 礼起于何也？曰：人生而有欲，欲而不得，则不能无求。求而无度量分界，则不能不争；争则乱，乱则穷。先王恶其乱也，故制礼义以分之，以养人之欲，给人之求。使欲必不穷于物，物必不屈于欲。两者相持而长，是礼之所起也。(《荀子·礼论》)

在儒家礼学论著中，这段经典的论述所反映的礼对欲望的规范作用与子产的观念是一致的。

尽管子产与儒家都主张礼是对欲望的保持（一言"奉"，一言"养"，"奉"即"养"也），但是欲望所涉及的人、我关系，礼、欲之间的冲突，性、情与礼的关系，从子大叔有限的转述中，我们无从详细了解，而儒家在这些问题上都有精彩的论断。例如关于人、我关系，孔子提倡"己欲立而立人，己欲达而达人"。(《论语·雍也》)关于礼、欲冲突，孟子直言，"生亦我所欲，义亦我所欲。二者不可得兼，舍生而取义者也"。(《孟子·告子上》)而性情与礼的关系，从《礼记·檀弓》的记载看，可能早在孔子弟子子游时就有所涉及：

> 礼有微情者，有以故兴物者。有直情而径行者，戎狄之道也。礼道则不然。人喜则斯陶，陶斯咏，咏斯犹，犹斯舞，舞斯愠，愠斯戚，戚斯叹，叹斯辟，辟斯踊矣。品节斯，斯之谓礼。

荀子的《礼论》揭示了在礼的完善过程中"情"的地位的变迁："凡礼，始乎棁，成乎文，终乎悦校。故至备，情文俱尽；其次，情文代胜；

其下复情以归大一也。"① 而近年出土的《郭店楚简·性自命出》以及《上博简·情性论》也都有所涉及，显示子产在认识礼欲（情）关系时所涉及的问题在战国继续被关注，有关的探讨方兴未艾。

正是由于子产与儒家在礼、欲关系上的接近，以及后人对子产相关观点了解的有限，后世对子产在这一问题上的认识就不免带有浓厚的儒家意识。在此，我们仅以"故人之能自曲直以赴礼者，谓之成人"的注解为例加以说明。

杜预曰："曲直以弼其性。"这里，他将"曲直"作为"赴礼"的方式，而"曲直"的含义，却未作说明；至于"赴礼"的目的，他理解为"弼其性"。《左传》原文中，尽管子大叔既提及"民性"，也提及"天性"，但是"自曲直以赴礼"与并未直接涉及其中任何一个。在子产的礼学观念中，人性统一于天性，而礼对欲望的规范不限于人性。因此，杜预的解释用礼的部分目的取代礼的目的的全部，故而不合于子大叔的解说，也与不合于子产的本意。刘炫对杜注作了全面的疏解：

> 礼有宜曲宜直，不可信情而行，故人之能自曲直以赴于礼者，谓之为成人；不能赴礼则不成为人。……赴谓奔走，言弼谐己性，奔走以赴礼也。②

刘炫将"曲直"理解为"赴礼"的方式，具体言之，则有的宜曲，有的宜直。礼的基本原则是反对"信情而行"。至于"弼协己性"，其目的是"奔走以赴礼"。孔颖达对刘炫的解释不满意。为了加强赴礼对人性的规范意义，他做了新的解释："性曲者，以礼直之性，直者以礼曲之，故云曲直以弼其性也。"孔疏不反对将赴礼解释为"弼性"，但是在赴礼方式的"曲直"之外，又加进来人性的"曲直"。这样礼对人性调节就涉及两方面的"曲直"，"性直者曲之，性曲者直之"。竹添光鸿则认为，作为方式的"曲"或"直"，不是基于人性的"直"、或"曲"，而是基于礼，赴礼方式上的曲与直才是曲直的本义所在：

> 直情径行，戎狄之道也。故或曲或直，唯礼之从。谓之成人，如

---

① "《史记》作'始乎脱，成乎文，终乎税'。言礼始于脱略，成于文饰，终于税减。《礼记》曰：'礼主其减。'校，未详。《大戴礼》作'终于隆'，隆，盛也。"〔（清）王先谦撰，沈啸寰、王星贤点校：《荀子集解》，中华书局1988年版，第355页〕
② 《春秋左传正义》，（清）阮元校刻：《十三经注疏》，中华书局2009年版，第4579页。

贤者俯就，不肖者企及，亦曲直也。由也退之，求也进之。亦曲直之也。①

不过，竹添氏对曲直所举的例子，即"贤者俯就，不肖者企及"以及"求也进之。亦曲直之也"还是重蹈了孔颖达的覆辙。杨伯峻的解释比较简短："谓人有委屈其情以赴礼者，亦有本其情以赴礼者。"从形式上看，杨伯峻没有将孔颖达引入的人性（情）的曲直作为礼调节规范的对象，但是同样是"赴礼"，何以有的人"委屈其情"，有的人却要"本其情"？孔颖达的解释是一个最方便的选择。

从杜预到杨伯峻，学者对"曲直以赴礼"的解释"疏不破注"左右回护，始终不能摆脱修身养性的目的论。这大约是"疏不破注"的传统使然。在儒家语境下，对礼的说明总是要从心性入手。这是好讲伦理修身的传统的一种体现。今天看来，杜预的注解或许节外生枝，但是在儒家养性思想的长期影响下，以往的学者对礼所具有的辅弼人性的意义是毫不怀疑的。如果将杨氏、竹添氏两氏的解释与上文《礼记·檀弓》中子游关于性情的论述加以比对，就会发现他们不同程度地引用了子游的观点。而那正是儒家性情学说的一个重要的源头。

历代对子产礼学观念的解释与其说是重现原貌，不如说是儒家思想与子产观念之间的糅合，是子产礼学中的天道与儒家思想中的性情的糅合。战国秦汉时期，就连二者礼学观念的理论基础也在发生糅合。孔子之后，"儒分为八"（《韩非子·显学》），孟、荀两派的观点不能取代儒家其他分支的思想。儒家分化的过程中，也出现了从天道角度解释礼的理论来源的观点。这一点在《易传》中表现得尤为明显。《彖辞·观》："观天之神道，而四时不忒。圣人以神道设教，而天下服矣。"《系辞上》：

> 圣人有以见天下之赜，而拟诸其形容，象其物宜，是故谓之象。圣人有以见天下之动，而观其会通，以行其典礼，系辞焉，以断其吉凶，是故谓之爻。

虽然这里说的是八卦的原理，但是其中投射出的取法天道的思路是与子产相一致的。《序卦》更是描述了从天地演生万物直到到礼教产生的过程：

---

① ［日］竹添光鸿：《左传会笺》，辽海出版社2008年版，第509页。

>　有天地，然后有万物。有万物，然后有男女。有男女，然后有夫妇。有夫妇，然后有父子。有父子，然后有君臣。有君臣，然后有上下。有上下，然后礼义有所错。

礼的规则是在天地生演万物的过程中形成的，这个过程遵循的规则就是"天地之经"，即天道。而在《孝经·三才》①中曾子甚至套用子产原话定义孝道：

>　曾子曰："甚哉！孝之大也。子曰：夫孝，天之经也，地之义也，民之行也。天地之经，而民是则之，则天之明，因地之利，以顺天下。是以其教不肃而成，其政不严而治。先王见教之可以化民也，是故先之以博爱，而民莫遗其亲。陈之以德义，而民兴行。先之以敬让，而民不争。道之以礼乐，而民和睦。示之以好恶，而民和禁。"

"孝"是礼的基本范畴。既然它是"天经地义"的，礼就更不用说了。在汉代正式成书的《礼记》中，学者认为，孔子早就将天道与人情结合在一起了：

>　孔子曰："夫礼，先王以承天之道，以治人之情。故失之者死，得之者生。《诗》曰：'相鼠有体，人而无礼。人而无礼，胡不遄死？'是故夫礼必本于天，殽于地，列于鬼神，达于丧、祭、射、御、冠、昏朝聘。故圣人以礼示之，故天下国家可得而正也。"

礼既要"承天之道"，又要"治人之情"。如此，儒家与子产的思路又相交了。可见子产以天地之经为礼的立论依据的做法还是有影响力的。

子产在为礼立论的过程中援引"天地之经"（或天道）的做法在春秋战国理论思维中不是孤立的。除了同时代的晏婴，战国时期的儒家也逐渐走上这条道路，而反对礼治的道家与阴阳家尤其重视天道在陈说立论中的作用。《老子》："人法天，地法天，天法道，道法自然。"（《老子》第二十五章）阴阳家"序四时之大顺"，"大祥而众忌讳"（《史记·太史公自

---

① 《孝经》的作者与成书时代，古来众说纷纭。参见黄筠《孝经述略》（《中国典籍与文化》1996年第1期）以及张涛《〈孝经〉作者与成书年代考》（《中国史研究》1996年第1期）。近代以来，学者一般认为成于战国秦汉之间。

序》)。邹衍谈天说道时"必先验小物,推而大之,至于无垠"。(《史记·孟子荀卿列传》)儒家重新重视天道,与他们的影响不无关系。

儒家礼学思想与子产的礼学观念关系密切。对于子产礼学观念的把握,儒家礼学思想无疑是一个重要的参照系。但这也在一定程度上增加了准确把握的难度,因为儒家礼学是后世礼学的正统。子产的历史、思想也逐渐被纳入儒家的学说资源体系中。记载了子产礼学观念的《左传》也被升格为经典。要想将关系密切的两种不同的礼学观念区分出来,不是一件容易的事情。要想全面理解的子产礼学观念,还需分析子产对礼与刑罚关系的认识。

第二节 关于猛政的探索

公元前536年,郑国子产"铸刑书"①。无论当时还是现在,它都是一件备受瞩目的重大历史事件。近代西学东渐以来,我国学者普遍认为,"铸刑书"标志着中国成文法的诞生。② 实际上,中国早就存在成文法,并非晚至子产时才得以公布。在我们看来,"铸刑书"的真正意义在于,它象征着春秋战国时期,刑罚在政治生活中的地位开始上升。如何看待刑罚的政治地位,这是春秋乃至秦、汉时期中国为政思想的基本问题。

一 "铸刑书"并非公布成文法

长期以来,"铸刑书"之所以被看作成文法颁布的开端,这与亨利·梅因的理论有关。早在20世纪初叶,我国法律史研究的先驱之一——杨鸿烈先生就曾指出:

> 根据一般历史法学派的人如梅因在所著《古代法律》③ 中说一切

---

① 事见《左传》昭公六年。子产的刑书铸于何器之上,杜预以为铸于鼎上。这也是目前学术界广泛接受的观点。尽管《左传》原文并未说明所铸何器,但是从叔向的批评的激烈程度(见下文)以及后来晋国铸刑书于鼎的习惯推测,子产的刑书铸也可能铸于鼎上。杜预的观点可备一说。

② 一般著作和教材几乎均持此观点,恕不一一列出。不尽相同的是张景贤先生的观点,他认为子产"铸刑书"前中国法律并非秘而不宣,但他仍然认为"铸刑书"是在公布撰文法令——公布适用于社会各等级的法令,其说仍与真相不符。参见张景贤《商周法律是"秘而不宣吗?——兼论成文法的公布不始于春秋》(《历史研究》1991年第2期)。

③ 今译名《古代法》(沈景一译),商务印书馆1959年版。

国家在未有法典之前大都经历了一个秘密法时期，换句话说，法律仅为少数人所掌握，决不令一般人民识其内容；罗马及其他民族便皆如此；我们中国到春秋时期才有法典，所以也是由秘密法阶段蜕变……子产是中国打破法律秘密主义的第一人。①

梅因研究了所谓的"雅利安"人各支系的历史，认为从法制史的角度，人类可分为三个阶段：判决时期、习惯法成立时期和法典时期。成文法的出现以罗马十二铜表法为代表。在他看来，这一时期的到来有其严格的条件限制：首先，是"文字的发明和传布"；其次，是所谓"民主情绪"的出现，即大多数人民对于少数贵族独占法律知识表示不满和反抗。虽然二者不可或缺，但梅因更强调前者：

诚然，贵族们似乎曾经滥用对法律知识的独占，并且无论如何，他们对于法律知识的独占有力地阻碍了当时在西方世界逐渐普遍的那些平民运动。虽然民主情绪可能深入人心，但是法典的产生当然主要还是文字发明的直接结果。②

众所周知，中国文字的发明早在殷商时期就已经完成；虽然"铸刑书"前礼坏乐崩的势头逐渐加剧，但是"礼坏乐崩的内在动力并不是来自社会下层，而是从上层开始的"③，而且"当时在西方世界普遍兴起的平民运动"并没有在东方的郑国出现的迹象。因此，我们不宜套用梅因的理论去认识子产"铸刑书"的性质。

中国传统法律以刑法为主体，因而成文法的形成实际上也就是刑法的形成过程。只有刑罚的运用达到一定的水平时才可能出现相应的成文刑法。传说三皇时代的少皞氏部落里就有掌管刑狱的爽鸠氏（《左传》昭公十七年），有的学者甚至认为，除少皞氏外，伏羲、神农、黄帝、颛顼、共工都有刑官④。可以设想，尽管那时的刑罚一定非常简陋，但刑罚政令在当时是公开的。"昔者黄帝治天下而力牧、太山稽辅之……法令明而不暗。"（《淮南子·览冥训》）同样的原则沿袭至舜时期。《尚书·益稷》里就记载了舜要求主管刑狱的皋陶"方施象刑惟明"。《舜典》中更出现

---

① 杨鸿烈：《中国法律发达史》，商务印书馆1930年版，第50页。
② [英]亨利·梅因著，沈景一译：《古代法》，商务印书馆1959年版，第9页。
③ 常金仓：《周代礼俗研究》，台湾文津出版社1993年版，第221页。
④ （清）沈家本：《历代刑法考》，中华书局1985年版，第155—157页。

了明确的刑罚原则：

> 象以典刑，流宥五行，鞭作官刑，扑作教刑，金作赎刑，钦哉，钦哉！惟刑之恤哉！

随着中国古代国家的出现，夏代正式出现了刑典——《禹刑》。虽然其全貌我们今天不得而知，但所幸《左传》保存了《夏书》的片段，从中我们可以得到夏代刑罚的一些信息。据说夏刑的条文达三千条之多。东汉郑玄明确说，"夏刑大辟二百，膑辟三百，宫辟五百，劓、墨各千。"① 三千之数虽然未必可信，但是如果说夏代的刑法已经颇具规模并且广泛流传，想必不会有太大的问题。大约在夏、商之际，《汤刑》又问世了。传说商汤的长孙太甲"颠覆汤之典刑，伊尹放之于桐"（《孟子·万章上》），"太甲不遵汤法"（《史记·殷本纪》）而遭流放。大约与此同时，伊尹曾经"布图陈策（策）"②，应该就是公布法令。后来周文王总结殷人灭亡的原因时说，"匪上帝不时，殷不用旧，尚有典刑"。（《诗·大雅·荡》）周公也说，"惟殷人有册有典"（《尚书·多士》）。尽管周人在军事上打败了殷人，但对"殷罚有伦（条理）"（《尚书·康诰》）大加赞赏。"有伦"的法律难道不是成文、公开的吗？直到战国时期，殷之法典仍有部分条款传世。例如，《墨子·非乐上》："汤之《官刑》有之曰：'恒舞于宫，是谓之巫风，其刑君子出丝二卫……'"《韩非子·内储说上》："殷之法刑弃灰于路者。"荀子曾指出"后王之成名，刑名从商"（《荀子·正名》），不成文的法律不可能产生如此大的影响。周人的《九刑》与《禹刑》《汤刑》类似，也在王朝交替之际形成。今传《尚书》中的《康诰》《九刑》和《吕刑》等篇虽然不是正规刑典，但由此足以推断出周代法令是成文和公开的。事实也正如此。例如，成王分封康叔于卫时告诫他要"布陈时臬"（《尚书·康诰》）；厉王"罔敷求先王，克共明刑"，所以卫康公赋诗《抑》以"刺厉王，亦以自警也"（《毛诗·抑》并序）。三代刑法一直到春秋时期，仍不同程度地流传着，法令公开的传统亦得以延续。

至于刑法公布的方式，除了前文提到的"象刑"和"布图陈范"，还

---

① 《周礼·秋宫·司刑》郑玄注，载（清）阮元校刻《十三经注疏·周礼注疏》，中华书局2009年版，第1902页。
② 《九主》，《马王堆汉墓帛书［壹］》，文物出版社1980年版，第29页。

有"徇以木铎"。"遒人以木铎徇于路，官师相规。工执艺以谏。"（《左传》襄公十四年），"王伯之令，引其封疆而树之宫，举令表旗而著之宪令"。（《左传》昭公元年）但周代颁布法令的主要方式还是"悬法象魏"："正月之吉，始和布治于邦国都鄙。乃悬治象之法于象魏，使万民观治象。挟日而敛之。"（《周礼·天官·冢宰》）据说昭王、穆王时期"设象以为民纪"（《国语·齐语》）。所谓"设象以为民纪"就是"悬法象魏"。有的法令甚至以象魏来命名。例如鲁哀公三年，鲁国司铎发生火灾，季桓子"命藏《象魏》，曰：'旧章不可亡也。'"杨伯峻先生认为："当时象魏（乃）悬挂法令之处，因名法令曰《象魏》。"①

鼎上即使铸有法令，也没有公布之效。

首先，从技术上讲，由于中国铜矿资源的缺乏、古代运输条件的限制以及生产流程的繁复和技术掌握上的困难，青铜器，尤其是青铜礼器的实用与普及存在的物质条件的极大限制。铸鼎勒铭无助于法令的普及。而如前所述，"唯殷人有册有典"，竹木最晚在殷商时期已经成为文字书写材料。它的实用性是青铜器难以企及的。即便如此，宣传法令也主要不是依赖简册一类的文告。由于广大平民掌握的文字有限，各种口头宣传的方式（如"徇以木铎"）仍是普及法令经常采用的方式。

其次，从礼制上讲，鼎并不面向平民大众。西周以来，鼎是典型的贵族用品。一般的鼎是贵族等级的日常生活用品，而由国家出面所铸之鼎则是宗庙中用以盛放牺牲的重器，子产所铸刑鼎就属于后者。"宗庙之器可用而不可便其利。"（《礼记·郊特牲》）贵族尚且不能随意进入宗庙重地，遑论广大平民。在庄严肃穆的祭典上在鼎外祭拜的人其实看不到鼎内铭文。而祭典之外查验鼎铭原文似乎不合情理。因此，传播法令不能寄希望于铸鼎勒铭。

鼎上铸造的刑书既非首创，青铜鼎本身又无公布法令的功能，怎么还能说子产铸刑书是成文法公布的开端？

二 "铸刑书"的象征意义

鼎在周代社会具有众所周知的崇高地位，子产把刑书铸造在鼎上，究竟想要表达什么政治涵义？考察当时的舆论反应是找出答案的一个重要途径。子产铸刑鼎后，晋国大夫叔向立即去信提出严厉批评。过去，持子产公布成文法论者往往以此为依据。通观书信原文，其实不然（为了叙述

---

① 杨伯峻：《春秋左传注》，中华书局1990年版，第1622页。

方便，本书分为两部分加以引用）。

首先，叔向申述了一条古代政治原则：

> 始吾有虞于子，今则已矣。昔先王议事以制，不为刑辟，惧民之有争心也。犹不可禁御，是故闲之以义，纠之以政，行之以礼，守之以信，奉之以仁，制为禄位以劝其从，严断刑罚以威其淫。惧其未也，故诲之以忠，耸之以行，教之以务，使之以和；临之以敬，莅之以强，断之以刚。犹求圣哲之上，明察之官，忠信之长，慈惠之师。民于是乎可任使也，而不生祸乱。民知有辟，则不忌于上，并有争心，以征于书，而侥幸以成之，弗可为也。（《左传》昭公六年）

过去，学者们以为"先王议事以制，不为刑辟"是指古代没有刑法，属于梅因所谓的判决法时期，但是从上文看，对于成文法之有无，叔向并未留意，他只是想向子产强调在礼乐社会中如何运用刑罚。古代的君主并非一概地拒绝使用刑罚，而是立足于不用刑罚，而不用刑罚的前提则是礼乐政教能够独任其能。如果事与愿违，罪恶"犹不可禁御"，那才动用刑罚。当政者不能非此即彼地放弃礼教、加重刑罚，必须"两手抓"：一方面加强礼乐教化，即"闲之以义，行之以礼，守之以信，奉之以仁，制为禄位，以劝其从"；另一方面积极发挥刑罚的职能，"严断刑罚，以威其淫"。

在传统政治观念中，"两手抓"的力度并非完全相等，在刑罚和礼教之间，礼教始终是政治统治的重心。何以如此？因为刑罚与礼教在礼乐社会中承担着不同的政治功能：首先，二者的地位不同。礼教是维系国家和社会的根本，它"经国家，序民人"（《左传》隐公十一年），而刑罚的存在以礼教为目的，"明刑"是为了"弼教"①。其次，二者使用的对象不同。"刑不上大夫，礼不下庶人。"② "德以柔中国，刑以威四夷"（《左传》僖公二十五年）。其三，二者发挥作用的时机不同。"礼者禁于将然之前，而法（刑罚）者禁于已然之后"（《大戴礼记·礼察》）。其四，二者使用的策略不同。对礼教要大力提倡，对刑罚则须谨慎使用，即"明德慎罚"。"与其杀不辜，宁失不经。好生之德，洽于民心。"（伪《尚

---

① 《尚书·尧典》有"明于五刑，弼于五教"，简言之即为"明刑弼教"。
② 《白虎通·五刑》："刑不上大夫何？尊大夫；礼不下庶人何？欲勉民使至于士。故礼为有知制，刑为无知设。"

书·大禹谟》）"不施而杀不可谓之德"（《左传》成公十七年），"不教而杀谓之虐"。（《论语·尧曰》）其五，二者的前途不同。礼教长存，而"刑期于无刑"（伪《尚书·大禹谟》），也就是否定自己。

接着，叔向说明了古代刑罚兴起的特征：

> 夏有乱政，而作《禹刑》；商有乱政，而作《汤刑》；周有乱政，而作《九刑》。三辟之兴，皆叔世也……铸刑书，将以靖民，不亦难乎？《诗》曰："仪式刑（型）文王之德，日靖四方。"又曰："仪刑（型）文王，万邦作孚。"如是，何辟之有？锥刀之末，将尽争之。乱狱滋丰，贿赂并行，终子之世，郑其败乎？肸（叔向名）闻之，国将亡，必多制，其此之谓乎？

叔向认为，三代各有刑典。这里根本没有什么子产之前没有成文法的意思。他希望子产注意的是，三代刑典均兴起于王朝交替之际的"叔世"。从长治久安考虑，不能迷信刑罚。《周书·允文》有"思静振胜，允文维纪"。大意是说，要想安定并保持胜利果实，就需用文德作为纲纪。以周人为例，当初"文王唯（惟）庶邦之多难，论典以匡谬，作《刘法》"（《周书序》），但以刑治国并非文王的一贯政策。"文王之治岐，罪人不孥。"为反对酷刑，文王不惜"献洛西之地，以请纣去炮烙之刑。"（《孟子·梁惠王下》）可以说，文王就是礼教治民的化身。《史记·周本纪》：

> 西伯阴行善，诸侯皆来决平。虞、芮之人有讼不能决，乃如周。入界，耕者皆让畔，民俗皆让长。虞、芮之人未能见西伯，皆惭，相谓曰："吾所争，周人所耻，何往为？只取辱耳。"遂还，俱让而去。

灭商之后，西周诸王基本上秉承文王的一贯政策。"成康之际，天下安宁，刑措四十年不用。"[①] 叔向希望子产能够效法文王，切实以礼治国。"如是，何辟之有"？他不满于"铸刑书"，是担心子产和郑国由此抛弃"议事以制，不为刑辟"的传统。如果百姓不受礼乐教化，就会为非作歹，而且往往钻法律的空子，企图逃脱法律的制裁。那时，触犯法律的案件将更加烦多，贿赂横行。在叔向眼中，法令烦多总是与"亡国"相提

[①] 《文选·贤良诏》注引《竹书纪年》。见方诗铭等《古本竹书纪年辑证》，上海古籍出版社 2005 年版，第 45 页。

并论,所以子产"铸刑书"不能不令他担忧郑国的前途。

无独有偶,公元前513年,晋国也铸造了刑鼎。孔子批评道:

> 晋其亡乎!失其度也……夫晋国将守唐虞之法度,以经纬其民,卿大夫以序守之,民是以能尊其贵,贵是以能守其业。贵贱不愆,所谓度也。文公是以作执秩之官,为被庐之法,以为盟主。今弃是度也,而为刑鼎。民在鼎矣,何以尊贵?贵何业之守?贵贱无序,何以为国?且夫宣子之刑,夷之蒐也,晋国之乱制也。若之何以为法?(《左传》昭公二十九年)

孔子之所以反对晋国铸刑鼎,是因为晋国将因此丧失其固有的法度——"唐叔之法度"。所谓"唐叔之法度"就是贵贱有序的礼制。晋文公遵循"唐叔之法度","作执秩之官,为被庐之法",就是以礼治国的体现。史书记载,晋文公开始执政时"民未知礼,未生其恭",文公"于是大蒐以示之礼,作执秩以正其官,而后用之"(《左传》僖公二十六年)。而"宣子之刑",是"夷之蒐"的产物,之所以被孔子称为"晋国之乱制",杜预解释说:"一蒐而三易中军帅,故曰乱法。"① 相对于"唐叔之法度","宣子之刑"违背礼教的法令,当然不能作为治理国家的基本法度。晋国却郑重其事地把它铸造在庙堂之器上,孔子怎能不反对?

郑、晋两国铸刑书(鼎)的行为传达了相同的象征意义,所以才招致叔向、孔子相似的批评。他们都没有谈到什么颁布成文法的问题。法令能否颁布并不是问题,问题是它以什么形式来颁布。把刑书铸在鼎上,与"象刑""布图陈策""徇以木铎"以及"悬法象魏"等有着质的区别,因为它是动摇礼教治国传统的象征。

三 礼治观念的调整

"春秋之时,王道浸坏,教化不行。"(《汉书·刑法志》)尽管礼教传统在人们的意识中根深蒂固,但各国统治者却不得不思考如何才能挽救现实的政治困局。子产曾经就此向晋国的然明请教。然明认为应当"视民如子,见不仁者诛之,如鹰鹯之逐鸟雀也"。子产由衷地感叹道:"他日吾见蔑(然明)之面而已,今吾见其心。"(《左传》昭公二十五年)在此,与其说子产对然明个人有了深入的了解,毋宁说他看到了变通礼治

---

① 《春秋左传正义》,(清)阮元校刻:《十三经注疏》,中华书局2009年版,第4614页。

传统的希望。传统政治虽然也承认刑罚的地位，但礼教是主宰，尽管刑罚不能真正废弃，但也必须慎之又慎，先教而后诛。叔向与孔子从原则上重视对礼教传统的维护，但然明与子产却注意到，对于作奸犯科者，假若不是循规蹈矩地先教后诛，而是反过来象鹰鹯驱逐鸟雀一样及时地用刑罚来矫正，可能更适合春秋政治的实际状况。在传统为政观念中，礼教的比重总比刑罚重。加重刑罚的分量，虽然实际上有助于二者的平衡，但是在主流观念上，却意味着既有的"平衡"的打破。这就不能不引起他们的警觉了。

公元前544年，吴公子季札告诫子产："郑之为政者侈，难将至矣！子为政，慎之以礼；不然，郑国将败。"（《左传》昭公二十九年）由于史料所限，我们无从知晓子产当时的具体应对。"铸刑书"之前，刑罚加重的势头已经出现。例如齐国，"景公繁于刑，有鬻踊者"，以致有"踊贵屦贱"的说法。公元前536年，即季札来访后八年，子产在郑国"铸刑书"。《汉书·刑法志》记载此事，有如下评语：

> 偷薄之政，自是滋矣。孔子伤之，曰："导之以德，齐之以礼，有耻且格；导之以政，齐之以刑，民免而无耻"，"礼乐不兴，则刑罚不中，刑罚不中，则民无所措手足。"

所谓"偷薄之政"主要指以刑治国的政治。

当初，子产对于来自叔向的批评，没有做多少辩解，只是说："若吾子之言——侨（子产名）不才，不能及子孙，吾以救世也。既不承命，敢忘大惠？"（《左传》昭公六年）子产去世前曾经将自己的为政经验传授给他的继任者子太叔：

> 我死，子必为政。唯有德者能以宽服民，其次莫若猛。夫火烈，民望而畏之，故鲜死焉；水懦弱，民狎而玩之，则多死焉，故宽难。

"宽政"就是"导之以德，齐之以礼"，"猛政"即是"导之以政，齐之以刑"。以宽服民实现起来存在困难，只有真正有德的统治者才能做到。对于民众来说，宽政表面懦弱似水，民众容易对它轻慢无礼，结果如同溺水而亡；猛政表面严厉如火，令人生畏，但百姓反而能因此保全性命。究竟当行宽政还是猛政，在《左传》的记述中，子产没有明示，但显而易见，宽政难行，猛政有利。子大叔明白子产的思想，只是继任之初，"不忍猛而宽"。结果"郑国多盗，取（聚）人于萑符之泽"。他这才幡然省悟："吾早从夫子，不及此。"因而易宽为猛，"兴徒兵以攻萑符之盗，尽杀之，盗稍止"。

尽管子产在晚年表现出为政以猛的倾向，但是礼教治国的传统在他身上仍有深厚的烙印。他认为，"夫礼，天之经也，地之义也，民之行也"（《左传》昭公二十五年），"德，国之基也"（《左传》襄公二十四年），"为政必以德，勿忘所以立"。（《史记·郑世家》）叔向对子产说，"始吾有虞于子"也不是毫无根据。孔子称赞子产"有君子之道四焉：其行己也恭，其事上也敬，其养民也惠，其使民也义"。（《论语·公冶长》）子产"不毁乡校"，孔子说："人谓子产不仁，吾不信也。"（《左传》襄公三十一年）得知他去世后，孔子"出涕曰：'古之遗爱也。'"（《左传》昭公六年）

"铸刑书"以后，刑罚在政治生活中愈来愈受青睐。可以说，春秋战国的政治转型史就统治手段而言就是刑罚地位不断提升的历史。以刑（法）治国无疑是战国政治思想的主流。秦代，法家"以吏为师""以法为教"的主张得到执政者的大力支持（《韩非子·五蠹》）。礼教传统大有夭折的危险。然而大致到汉代中期，经过对秦代以来严刑峻法的纠正，传统的礼、刑关系某种程度上又逐渐得以恢复。以刑（法）治国没有成为中国传统政治的主流。尽管如此，不能认为"铸刑书"以及此后战国时期的变法运动便是无意义的历史小插曲。它们不但有其存在的现实依据，而且对日后中国政治统治方式产生了深远的影响。随着刑罚的地位获得提升，法制建设趋向成熟，中国最早的比较系统的法典——《法经》终于在李悝手里完成了，而它又是以后历代法典的源头。因此，春秋战国时期，以子产"铸刑书"为标志的提升刑罚地位的举动是一次有价值的政治探索，它使刑罚在政治中的地位终于稳定地确立下来了。从这个意义上说，将子产视为法家的创始人并非毫无道理。

在变动激烈的转型时代，个人所实际扮演的角色和他想要扮演的角色之间，往往会出现巨大的悖离。这或许正是由"人"的复杂性，也是由时代的复杂性决定的。有"博雅君子"之称的子产，一心要挽救日渐沦丧的传统"仁""惠"精神和礼乐文化，但他所实施的许多执政措施，却明显表现出了对传统的背离。作为一位明智而有远见的政治家，子产对他那个时代政治上的弊端体察入微，认识深刻。从《左传》中的记载我们知道，子产对春秋时代，对郑国，对他自己的家族，都抱着一种相当悲观的态度。当初郑子皮请子产担任郑国执政，子产的回答是："国小而逼，族大宠多,不可为也。"(《左传》襄公三十年)在子皮的执意要求下,也许更出于一种对于郑国的责任感,子产最后当上了郑的执政。叔向指责子产铸刑书是乱先王之制,子产对此只有两句简短的回答:"若吾子之言,侨不才,不能及子孙,吾以救世也。既不承命,敢忘大惠?"(《左传》昭公六年)子产承认叔向的指责有理,但是他认为自己没有能力计划那么长远的事,只能权宜"救世"。从这些话里可以感受到子产本人,对于他所必须进行的那些变革,也怀有一些像叔向或者孔子那样的抵触情绪。总的来看,子产对于他的辛勤治郑,正如孔子对于自己的汲汲救世,都抱着一种"知其不可而为之",勉为其难的态度。正是这种既不放弃理想又勇于面对现实的态度,使这两位春秋先贤一生的活动,都不同程度地超越了其所属的那个时代。

第五章　子产历史的解读

作为历史认知的对象，子产的历史既包括对子产行迹与言论的直接的记述，也包括子产之后对其行迹和思想的种种称述与解读。被称述的历史，才是真正活着的历史。回顾以往的子产研究，我们感到，认识和评价子产及其时代的历史，固然要从史料和历史出发，但是历史语境的巨大影响也不可忽视，只有将史料解读与历史语境的分析相结合，才能对子产及其历史做出全面、准确的解读，了解春秋转型历史对中国思想的影响。本章将通过两个基本案例，具体探讨子产的历史如何被后人解读以及这些解读所造成的影响。

第一节　"族大宠多"的解读①

历史解读离不开经典诠释。清代学者杭世骏曾指出："诠释之学，较古昔作者为尤难。语必溯源，一也；事必数典，二也；学必贯三才而穷七略，三也。"② 持类似观点的不仅限于古代学者。近代以来，许多学者在继承传统注释经验的基础上，对注释的类别与方法进行了更为细密的分类与探究③，

---

① 本节作为阶段性成果，以《从〈左传〉"族大宠多"的注解看历史解读的注释学意》为题发表于《江苏社会科学》2014年第5期，收入本书后有所修改。
② （清）杭世骏：《李义山诗注序》，《道古堂文集》，乾隆四十一年刻光绪十四年汪曾唯修本，文集卷八。
③ 关于文献注释的类别，张舜徽《中国文献学》（中州古籍出版社1982年版，第169页）指出："古人除称'传'或'注'，还有其它的名称。所谓'说'、'训'、'微'、'故'、'解'、'笺'、'章句'，这一类的流别，是很多的。"张大可《中国历史文献学》（陕西人民出版社1991年版，第451页）将传统注解分为13项："校文字""析句读""释音义""训字词""述语法""明章句""释典制""订史实""推义理""注出处""解官职""注地理"以及"注人物"。杨燕起等编写的《中国历史文献学》（北京图书馆出版社2003年版，第385页）则分为10项：①注明典章制度；②注明事实；③说明凡例；④补充资料；⑤注明名物词义；⑥注明语义；⑦注明句读；⑧注明读音；⑨注明方言；⑩校正文字。

并进而提出建立专门的"注释学"的主张。① 回顾中国古代注释学的发展史，可以发现，林林总总的各种具体注释可以归结为三大门类：文字训诂、章句阐释和历史解读（即"史注"）。在儒家经学发展史上，汉、魏经学以文字训诂（"汉学"）见长，宋代经学则以义理阐释（"宋学"）而显著。在"汉学"与"宋学"长期竞逐中，同为经典注释形式的"史注"却长期被置于附庸的地位。即使作为"史注"代表的《左传》由"传"入"经"，也从未出现过"史注"引领经学风骚的盛景。在这种学术风气的笼罩下，注释者往往专注于文字训诂与章句阐释，缺乏对文献历史背景的分析解读。某些看似文从字顺的注解，实际上却是望文生义。历代关于《左传》"族大宠多"的误读就是其中一例。

一 "族大宠多"的误读

《左传》襄公三十年记载：

> 郑子皮授子产政。（子产）辞曰："国小而逼，族大宠多，不可为也。"子皮曰："虎（子皮名）帅以听，谁敢犯之？子善相之。国无小，小能事大，国乃宽。"

以上记载的背景是：鲁襄公三十年，郑国上层统治集团发生了一次权力交接。当时，"执政"（类似于后代的相）子皮欲将统治大权授予子产。子产以"国小而逼，族大宠多"相推辞。所谓的"国小而逼"是指郑国面临的外部形势，而"族大宠多"则是指郑国的内政形势。表面上看，原文没有什么生僻字词或概念，包括"族大宠多"在内似乎都没有注解的必要。翻检历代《左传》代表性注本，从西晋杜预的《春秋经传集解》到现代学者杨伯峻的《春秋左传注》②，对"族大宠多"均未作任何注解。古代注本中唯一的注释可能出自宋代学者林尧叟，他释"族大宠多"为"族盛大而恃宠者多"。③ 作为《左传》现代白话译本的代表，沈玉成

---

① 近几十年来，学术界关于注释之学的称谓主要有两种：一种是"传注学"（杨燕起、高国抗等：《中国历史文献学》，北京图书馆出版社2003年版，第379页），另一种是"注释学"（熊笃、许廷桂：《中国古典文献学》，重庆出版社2003年版，第280页；汪耀楠《注释学》，外语教学与研究出版社2010年版，第1页）。本书采用后者。
② 其他如唐代孔颖达的《左传正义》、清代洪亮吉的《春秋左传诂》、刘文淇的《春秋左氏传旧注疏正》以及近代日本学者竹添光鸿的《左氏会笺》。
③ 王道焜、赵如源：《左传杜林合注》，《文渊阁四库全书》，第171册，第690页。

的《左传译文》将它译为"家族庞大而受宠的人众多"。① 由此看来，古今学者实际上都将"族大宠多"理解为"家族大而受宠的人众多"，而其中的"宠"字是"受宠"的意思。既然族大且受人之宠，逻辑上说，这种宠幸应该来自比其权势更高的人。在春秋时期的诸侯国，等级上位居卿大夫之上的各国诸侯——在郑国，自然是郑伯。然而，如果"回到"子产此语的历史场景，就会发现上面的解释其实难以自圆其说。

首先，《左传》原文在"国小而逼，族大宠多"之下交代子产的执政绩效："子产使都鄙有章，上下有服；田有封洫，庐井有伍。大人之忠俭者，从而与之；泰侈者因而毙之。"从上下文可以看出，"宠"与"泰侈"同义，是"忠俭"的反义词。明代谢鸿奇《重建公孙大夫国子产祠记》引述这段史料时，就将以上文字糅合为"春秋诸国，郑族侈泰。自子产猛以济宽而内变国俗"②。

其次，将"宠"解释为"宠幸"还在于它与子产所处的历史背景不符。当时，随着社会权力的下移，中原各诸侯国普遍出现"政在大夫"，即世卿把持朝政的现象。晋国先有六卿擅权，后则"三家分晋"。齐国先有国、高二氏，后有"田氏代齐"。鲁国不但出现"三桓"专权，后期甚至还在卿大夫势力的基础上出现"陪臣执国政"的局面。战国时期，世卿政治还在延续。因此孟子曾指出："为政不难，不得罪于巨室；巨室之所慕，一国慕之；一国之所慕，天下慕之。"（《孟子·离娄上》）孟子的观点或许带有理想的成分，但他还是抓住了当时社会政治问题的要害。有学者指出："离开了世族，一部春秋史几乎无从说起。抓住了世族，春秋时代的历史方向由纷纭转为分明。"③ 与卿大夫及其家族普遍把持朝政形成强烈对比的是诸侯的式微。在春秋战国时期的世卿政治生态中，卿大夫们的荣辱富贵，主要取决于自身家族的实力，不在于是否得到国君的"宠幸"。

与晋、齐、鲁等国相比，郑国的世卿政治出现的过程别具特色。郑国是一个西周末年才受封建国的诸侯国，最初的三代国君——郑桓公、郑武公和郑庄公凭借所谓"厉、宣之亲"（始封君郑桓公乃厉王之子，宣王之母弟）以及担任王朝卿士的机会一度成为事实上的"小霸"。④ 然而，自

---

① 沈玉成：《左传译文》，中华书局1981年版，第366页。
② （清）张起鹍：《邵阳县志》，康熙二十三年刻本，卷之十四。
③ 何怀宏：《世袭社会及其解体——中国历史上的春秋时代》，生活·读书·新知三联书店1996年版，第101页。
④ 童书业：《春秋左传研究》，中华书局2008年版，第354页。

第五章　子产历史的解读

从郑庄公去世后，历代郑伯的权威不仅丧失于列国，还不得不面对国内各类卿大夫势力日益崛起的挑战。从郑庄公以后到郑文公之前，由于执政大夫和公族势力推波助澜，郑国走马灯般地更换了五位郑伯。不过，这一时期公族和执政大夫的影响一般及身而止。为了对付公族对君权的挑战，郑文公即位后采取驱逐群公子的政策。郑穆公继位后，郑国的政治天平又开始向公族倾斜。《左传》宣公四年记载：

> 郑人立子良。辞曰："以贤，则去疾（子良名）不足；以顺，则公子坚（郑襄公名）长。"乃立襄公。襄公将去穆氏，而舍子良。子良不可，曰："穆氏宜存，则固愿也。若将亡之，则亦皆亡，去疾何为？"乃舍之，皆为大夫。

作为穆公之子，郑襄公继位前，被推举为国君的原本是襄公的兄弟子良，但由于子良让贤，襄公才得以继位。弱势即位的襄公为了巩固自身权力，想效仿其祖郑文公驱逐群子良以外的其他兄弟，但在子良的坚持下，众公子非但免于驱逐，而且"皆为大夫"。由此郑国历史开启了一个新纪元，一个以穆族公子为首的家族集团——"穆族"开始形成。日后，尽管郑国政局波谲云诡，国君轮替不辍，但是国家的最高官职，从总揽国家政事的"执政"或"当国"① 到掌管专门职事的司马、司徒和司空等，完全由穆族所垄断。子产正是其中一员。其父子国曾担任司马，掌管郑国军事，同时还参与其他内政外交活动。子产能担任执政，固然与其品德才能有关，但穆氏的身份不可或缺。在这场郑国最高官职的权力交接中，子产的职位是前任子皮直接授予，子产推辞的对象也是子皮，而非郑伯。子罕以"虎帅以听，谁敢犯之"相鼓励，子产于是接受了子皮授予的职位。"政在大夫，国君式微"的政治格局由此跃然纸上。

在子产时期的郑国权力格局中，郑伯保持了君主的名位，但实际权力都被穆族掌控。在穆族全面掌权的背景下，何来所谓郑伯之宠幸？从被动意义上解释"族大宠多"中的"宠"显然于理不通。要破解"族大宠多"的真实含义，从而理解子产的本意，还是要从穆族本身的历史和特征入手。

---

① 子驷当政前，郑国执政一职一般只设一人。子驷当政后，两位执政中地位较尊者称"当国"。

二 如何正解"族大宠多"?

与晋、齐、鲁等国朝政由一家或少数几家大族掌控的格局不同,郑国朝政始终掌握在穆族这样一个分支众多的家族集团的手里。在穆族内部,却没有一个分支能取得对执政职位的连续垄断。从郑襄公时期开始至春秋结束为止,郑国执政名单见下表:①

表5-1　　　　　郑襄公到春秋结束郑国执政名单一览

序号	执政者	所属家族	在位年数	序号	执政者	所属家族	在位年数
1	子良	良氏	18	7	子皮	罕氏	1
2	子罕	罕氏	13	8	子产	国氏	22
3	子驷	驷氏	6	9	子大叔	游氏	11
4	子孔②		9	10	驷歂	驷氏	10
5	子展	展氏	11	11	罕达	罕氏	3
6	伯有	良氏	1	12	驷弘	驷氏	14

由上表可知,12位执政中,罕、驷二氏人次最多,但也不过3人次,其次是良氏2人次。他们获得执政(或"当国")职位也都不是父死子继。展氏、国氏、游氏、孔氏4家则各有1人次。因此,郑国的执政尽管整体上是由穆族垄断,但具体的职位安排,却是在各分支之间"轮流坐庄"。从形式上看,穆族内部各家族分支之间达成了一定的权力平衡。

然而,权力平衡总是权力斗争的结果。面对错综复杂的政治形势,穆族对外的一致团结并不意味着内部始终风平浪静。如前所述,作为穆公之子,郑襄公一即位就想放逐穆族,只是由于有让贤之功的子良的坚持,襄公放弃初衷。子驷执政时推行政治改革,触动了穆族以外的众多家族的利益。这些家族发动叛乱,杀害子驷和子产的父亲——子国。穆族倾尽全力,叛乱才被平息。子驷之后,子孔当政。他不满足于手中的权势,为"专政"而"欲去群大夫",结果被推翻,由子展当政(《左传》襄公十八年)。继子展当政的伯有汰侈无度,又与驷氏的子晳发生

---

① 参见(清)顾栋高《春秋大事表》,中华书局1993年版,第1896—1949页。
② 子孔在政争中失败,未正式立"氏"。

激烈冲突。子皙竟"以驷氏之甲（即驷氏的私家武装）伐而焚之"。伯有不得不逃亡，后被杀。当此激烈对抗之际，穆族中举足轻重的人物——子皮偏袒驷氏，认为"推亡、固存，国之利也。罕（氏）、驷（氏）、丰（氏）同生，伯有汰侈，故不免"。（《左传》襄公三十年）尽管后来子皮推举子产为执政可谓明智之举，但是对子皙的纵容还是威胁着穆族内部的和谐。如果不约束以驷氏为代表的穆族内部的骄横现象，穆族的统治力将难以维系。郑国政局的乱象，连局外人都看得十分清楚。子产接任执政前，来访的吴公子季札就告诫子产："郑之执政侈，难将至矣，政必及子。子为政，慎之以礼。不然，郑国将败。"（《左传》襄公二十九年）

　　作为穆族一员，子产见证了穆族发展壮大的曲折历程。在子驷当政时期的平叛斗争中，其父子国遇害。危难关头，身为穆族子弟，少年子产亲率私家武装参与平叛。平叛之后，执政子孔专权。子产告诫他"众怒难犯，专欲难成"。可是子孔并没有真正吸取教训，结果连穆族都群起反抗。子展执政时，子产被任命为卿，正式步入郑国政坛。伯有执政时奢靡无度，穆族内部冲突不断。子产不无悲观地指出，"驷、良方争，未知所成……伯有侈而愎，子皙好在人上，莫能相下也。虽其和也，犹相积恶也，恶至无日矣。"在陈国，他看到"其君弱植，公子侈，大子卑，大夫敖，政多门"，不禁感慨："政多门，以介于大国，能无亡乎？不过十年矣"。（《左传》襄公三十年）郑国子皙和伯有争斗最为激烈的时候，有人劝子产"就直助强"，也就是站驷氏一方，子产不为所动。伯有失败后被杀，他又冒险为伯有收尸安葬。在激烈的穆族内乱中，子产不愿看到同室操戈，为了避免冲突，一度准备流亡国外。在穆族面临分裂的历史关头，执政子皮挽留了子产，并且将执政大位授予子产，郑国执政大权在穆族内部实现了一次"和平过渡"。

　　见证过穆族发展曲折历程，亲身经历了驷、良之争带来的政治动荡，对郑国政治几乎丧失信心的子产一下子被推到郑国政治的前台。此时此刻，郑国内政问题的要害，不就是穆族自身的骄横吗？因此，"族大宠多"的"宠"字的含义不能是被动意义的"受宠"，而是主动意义的"骄纵"。

　　那么，将"族大宠多"中的"宠"解释为"骄纵"，除了历史依据，还有没有训诂上的可能和先例？检视权威辞书，可知"宠"字的含义本不限于主动意义上的"宠幸"或"受宠"。东汉许慎《说文解字》曰：

"宠，尊尻也。从宀龙声。"①从字形上看，"宠"为形声字，其含义与表形（义）的"宀"部有关，而"宀"意为"交覆深屋"。②清人段玉裁于"尊尻"下注曰："引申为荣宠。"③与许慎同时代而略晚的郑玄曾经释"宠"为"光耀"。④这一解释含义与许慎的解释相当，但表述更为简明。因此，以"光耀"或"荣耀"为"宠"字本义较为适当。由于"荣耀"的具体来源复杂多样，"宠"字因而也衍生出上述辞书所列的众多义项。按照"荣耀"传递的不同方式，可将"宠"字各义项划分为"及物"和"不及物"的两大类。所谓"及物"是指荣耀在主、客体之间传递。进一步区分，又可分为"主动及物"（"宠幸"）和"被动及物"（"受宠"）两种。而"不及物"的"荣耀"是"荣耀"主体自身的表现，这一义项通常被解释为"骄纵"。因此，以《汉语大字典》为代表的权威辞书在解释"宠"字时都收录有"骄纵"的义项。

《左传》中"宠"字共出现 101 次，绝大多数含义的确是"受宠""宠幸"或其衍生义，但也有当"骄纵"讲的例子。襄公二十一年记载，楚国申叔豫对楚国就有"国多宠而王弱"的评价。这就意味着春秋时期一国之君权势的弱小是可以与臣子的"宠"并存的。而同年关于晋国则有"国多大宠"的说法。对此，杜预的解释言简意赅："六卿专权。"⑤《史记·晋世家》则指出："悼公以后（晋君）日衰，六卿专权。"这就是说，当时晋国国君是被架空的。从六卿的实际表现看，"国多大宠"的"宠"字应当以"骄纵"解释。《左传》昭公二十三年记载，楚国率领胡、沈等七国讨伐吴国。身为统帅的楚国将领名位低贱；随行的胡、沈之君"幼而狂"；陈国大夫"壮而顽"；顿、许、蔡等国"疾楚政"。于是他指出，楚军一方的弱点是"帅贱、多宠，政令不一"。从上下文来看，"帅贱"是指楚国；"政令不壹"是顿、许、蔡等国；"多宠"对应的只能是胡、沈之君和陈国大夫的表现。至于理由，前文说得分明，是"幼而狂"和"壮而顽"，这也是"骄纵"。

置身春秋时期郑国历史发展的具体场景，了解了子产与春秋郑国历史的复杂关系，就会知道："族大宠多"中的"族"特指是指掌握郑国政权

---

① "尻"，《说文解字》通行本误作"居"，今从段注改作"尻"。详见（清）段玉裁《说文解字注》，上海古籍出版社 1988 年版，第 340 页。
② （清）段玉裁：《说文解字注》，第 337 页。
③ （清）段玉裁：《说文解字注》，第 340 页。
④ （唐）陆德明：《经典释文》，《四部丛刊初编·经部》，上海书店 1989 年版，第 20 页。
⑤ 《春秋左传正义》，（清）阮元校刻：《十三经注疏》，中华书局 2009 年版，第 4280 页。

的"穆族";他们权势显赫,此为"族大";大族缺乏约束,行为骄纵,此谓"宠多"。总之,"族大宠多"是子产对郑国穆族政治上表现骄纵的概括。

三 关于误读的反思

将"族大宠多"的"宠"误读为"受宠",宋代的林尧叟并非始作俑者。从目前所见史料看,误读的源头至少要上溯到司马迁。在《史记》中,前文《左传》记载的郑国穆族"族大宠多"的种种表现被司马迁笼而统之地说成是"争宠"。《郑世家》曰:"(郑国)诸公子争宠相杀,又欲杀子产。"《十二诸侯年表》曰:"诸公子争宠相杀,又欲杀子产,子成止之。"从两处记载基本一致来看,这不应该是司马迁一时的笔误,而是《史记》的原貌。司马迁笔下诸公子的争宠,需要一个前提,那就是在他们之上,还有权势更高的人。郑伯在身份等级上高于穆族,但是权势却不及穆族。

为什么司马迁会有这种自相矛盾的记述呢?难道在《左传》之外,身为太史令的他接触过某种难得一见的秘本,以致在记述郑国历史的时候,选择了不同于《左传》的史料?即便如此,将两种史料放在郑国历史的大背景下加以对比分析,以司马迁一贯的严谨和鉴别力,应该不难做出正确的判断。尽管造成误读的确切原因我们今人已经无从知晓,但从《史记》对齐国类似历史的记述或可一窥端倪。

《史记·吴泰伯世家》记载:"吴王夫差闻齐景公死而大臣争宠,新君弱,乃兴师北伐齐。"《史记·伍子胥列传》也记载:"吴王闻齐景公死而大臣争宠,新君弱,乃兴师北伐齐。"以上两处记载的内容基本吻合,都试图叙述一个国君权势微弱背景下的大臣争宠的历史。然而,司马迁没有严格推敲的是,既然当时齐景公已死,而"新君弱",左右齐国政局的不是别人,就是这些飞扬跋扈(与"族大宠多"的"宠"同义)的大臣。那时的他们向谁争宠呢?面对一个弱势的新君,为自己的政治前途考虑,需要做的和能做的可能是收敛一下自己的骄纵——这正是当年子产在郑国所看到的情景。司马迁依据什么史料认定齐国大臣在君位交替之际存在所谓"争宠"的事实呢?

《史记》的写作以《春秋》为楷模,在春秋史的记述中,又主要以《春秋》的"史传"——《左传》作为史料的主要来源。从这一意义上说,《史记》毋宁是《左传》在汉代的改编本或传注本。在汉代以后的中国文献体系中,尽管《左传》先出,并且由于与《春秋》的密切关系而位居经书之列，而《史记》晚出，仅属于史书系列，然而在历史知识的传播上，《史记》的影响力与《左传》相比几乎难分伯仲。在许多学者看来，《史记》记录的历代历史，都有可靠的史料来源，故而有"实录"的美名。① 司马迁固然是一代杰出史家，然而作为汉代人，对远离其时代（先秦时代）的历史的记述不可避免地带有汉代的观念与习惯。例如，春秋之前的"姓"与"氏"原本有别，互不混淆。可是《史记》中竟然出现诸如"姓赵氏"之类的说法。② 这当然也不是司马迁一时的笔误。经历了战国秦汉时期的历史巨变，普通汉代人对"氏""姓"的混淆已经司空见惯，但作为史家，却把这种习惯带进对先秦历史的书写，其负面影响可想而知。对于春秋各国权力集团冲突的记述，即使国君权势微弱，也常常被司马迁看作向国君争宠。显然，在战国以后，尤其是秦汉君主专制制度长期浸染下的司马迁忽视了春秋时期君主权力普遍比较软弱的特点。将郑国穆族内部的骄纵误解为穆族向郑伯争宠，并进一步造成"族大宠多"是"大家族多而争宠"的错误解读，也就不难理解了。

　　解读"族大宠多"含义，本书选择了一条与一般注解不同的方式，即在历史解读中发现问题，以历史解读解决问题，最终又通过历史分析找出问题发生的根源。过程看似迂回曲折，但是相信结论可以坐实无误。经过上面的分析，我们不难看出，历史解读不仅有助于厘清文献的语词含义，更有助于揭示文献的深层内涵。全面深入的历史解读对文献传注具有重要的学术意义。历史解读原本就是文献注释的基本手段，但受传统经学体制和观念的限制，长期未得到应有的重视。缺乏历史背景的文字训诂枯燥无味，没有历史背景的章句阐释是自说自话和无根游谈。历史解读是联结文字和文献含义的桥梁和纽带。当然，重视和挖掘历史解读的潜力，并不意味着要简单地"复兴"传统经学框架下的"史注"，不是"史注"数量的简单增加。朱熹曾经告诫文献注解者："凡解释文字，不可令注脚成文。成文则与经各为一世，人惟看注而忘经。"③ 现代意义的历史解读应该是旧有经注体例的扬弃，是文字训诂、义理阐释与文献历史背景解读三者有机的整合。在这个意义上，在现代注释学中，"史注"的名称便有些不合时宜，改称"历史解读"或许是一个可以值得考虑的选项。

---

① 《汉书·司马迁传·赞》："自刘向、扬雄博极群书，皆称迁有良史之材，服其善序事理，辨而不华，质而不俚，其文直，其事核，不虚美，不隐恶，故谓之实录。"
② 分别见于《秦本纪》《秦始皇本纪》《外戚世家》与《南越王列传》。
③ （宋）朱熹：《记解经》，《晦庵先生朱文公文集》卷七十四，《四部丛刊初编·集部》景上海涵芬楼藏明刊本，第1092册。

第二节 "水火之喻"的解读

子产历史的意义不限于春秋时期。后人对子产思想观念的解读，也是一个值得研究的问题。从某种意义上说，我们今天关于子产的种种认识都是在它们的影响下产生的。因此，探讨子产历史与思想在后世解读的过程，也是子产与春秋历史变迁的一部分。

解读历史，一个主要目的是陈说立论，而陈说立论往往离不开历史人物。传统儒家虽说"祖述尧舜，宪章文武"（《汉书·艺文志》），但早在战国时期，韩非子就提醒人们，"儒、墨俱道尧舜，而尧舜各不同"（《韩非子·显学》）。如果说"赋诗断章"本是先秦风尚，而时代久远以及文献失载客观上也为儒、墨两家提供了"自由"叙说的空间，那么，对于那些与传述者时代相隔不远、事迹明确的人物而言，如果继续"断章取义"，那就未免有点匪夷所思了。不过，这种情形在历史上又是经常发生的。子产思想在儒家语境下的消解，就是一例。

子产在论述政治统治方式时曾经做过一个著名的比喻："宽政似水，猛政似火"，古人或谓之"水火之喻"（《魏书·刑罚志》）。"水火之喻"的确切含义，或者说子产设喻的动机是什么？自孔子以来，人们比较一致的意见是，它表达的是"宽猛相济"的思想。然而核对文献记载，我们不难发现，"宽猛相济"其实并非子产本意。难道两千多年里，人们在一直在重复一个低级的错误而不曾察觉？

我们认为，问题不这么简单。原始史料固然是解读"水火之喻"的基本依据，但是，解读者所处的语境也是必须加以考虑的重要因素。历史证明，在一定的语境下，人们对于史料的认识并不一定取决于史实本身，有时反而取决于这种语境的主流价值。这种文献本义的"扭曲"不同于常识性错误，它往往不易被察觉。在传统儒家语境下，"水火之喻"的解读史为我们提供了一个深入认识语境与史实相互关系的很好案例。

一 "水火之喻"的早期文本

文献对"水火之喻"的最早记载，目前所见有两种：一是《左传》，二是《韩非子》。《左传》昭公二十年记载：

> 郑子产有疾，谓子大叔曰："我死，子必为政。唯有德者能以宽

服民，其次莫若猛。夫火烈，民望而畏之，故鲜死焉；水懦弱，民狎而玩之，则多死焉，故宽难。"疾数月而卒。大叔为政，不忍猛而宽。郑国多盗，取（聚）人于萑苻之泽。大叔悔之，曰："吾早从夫子，不及此。"兴徒兵以攻萑苻之盗，尽杀之，盗少止。

《韩非子·内储说上·七术》则记载：

> 子产相郑。病将死，谓游吉（引者按：即子大叔）曰："我死后，子必用郑。必以严莅人。夫火形严，故人鲜灼；水形懦，故人多溺。子必严子之刑，无令溺子之懦。"故子产死，游吉不忍行严刑，郑少年相率为盗，处于萑泽，将遂以为郑祸。游吉率车骑与战，一日一夜，仅能克之。游吉喟然叹曰："吾蚤行夫子之教，必不悔于此矣。"

以上两种记载有同有异。不同之处大体有两类：一类是个别字词的差别，如《左传》中的"火烈"在《韩非子》里则是"火形严"；《左传》中的"水懦弱"，在《韩非子》里则是"水形懦"。其他论述文字也略有出入，但均与文义无损，故可置而不论。另一类差别表现在子产对"水火之喻"喻义的概括上。

在《左传》的记载中，子产除了告诫其继任者——子大叔"唯有德者能以宽服民，其次莫若猛"，此外便没有什么具体要求，而在《韩非子》中，子产却明确要求游吉（子大叔）"必以严莅人"；结尾部分，《左传》中，子产得出结论——"宽难"，而《韩非子》中，子产却重申："子必严子之刑，无令溺子之懦。"我们认为，第二类差别也不是本质性的。从形式上看，《左传》中的子产始终没有什么直白的要求，仅仅为子大叔分析了宽、猛二政的优劣：开头是"唯有德者能以宽服民，其次莫若猛"，结尾还是"宽难"。一个政治家面对困难时，既可能迎难而上，也可能舍难行易。前者比较理想，后者则比较实际。作为子产长期的共事者与继任者，子大叔应该最接近"水火之喻"的原始语境。因此，他的理解是把握"水火之喻"本义的关键。开始他并不认同子产的主张，"不忍猛而宽"。现实教训了子大叔，他因此后悔，"吾早从夫子，不及此"。可见，子大叔自始至终是以猛政来理解子产遗教的。相比而言，为了表达同样的意思，《韩非子》中的子产就显得直率得多。一开始，他就要求子大叔"必以严莅人"，结尾重申，"子必严子之刑，无令溺子之懦"。由此来看，《韩非子》所记载的"水火之喻"与《左传》一致，核心都是示意子大叔推行猛政。

"水火之喻"是子产毕生政治经验的总结。子产也曾抱持宽政治国的理念。如他说："夫礼，天之经也，地之义也，民之行也"（《左传》昭公二十五年），"德，国之基也"（同前，襄公二十四年），"为政必以德，勿忘所以立"（《史记·郑世家》）。然而，春秋"礼坏乐崩"以后，以礼教为基本手段的宽政治国的理想开始动摇，各国刑罚渐趋繁苛，齐、晋两国尤为突出，人称"踊贵屦贱"（《左传》昭公三年）。子产担任执政之前，曾向郑国大夫然明请教治国的道理，然明答以"视民如子，见不仁者诛之，如鹰鹯之逐鸟雀也"。史书记载，听了然明这番话，"子产喜，以语子大叔：'他日吾见蔑（然明）之面，今吾见其心矣。'"（同前，襄公二十五年）子产一定从中得到了启发，否则不会如此感慨。吴公子季札告诫子产："郑之执政侈，难将至矣，政必及子。子为政，慎之以礼。不然，郑国将败。"（同前，襄公二十九年）

然而对于子产来说，然明的影响显然要比季札大。面对"国小而偪，族大宠多"的局面，子产的统治逐渐表现出推崇猛政的倾向。例如，他在郑国整顿内政，使"都鄙有章，上下有服，田有封洫，庐井有伍，大人之忠俭者，从而与之，泰侈者因而毙之。"开始时民众不理解，于是有前文提到的舆人做诵："取我衣冠而褚之，取我田畴而伍之。孰杀子产？吾其与之。"如果不是执政措施相当猛烈，民众的反应也不会如此激烈。当然，民众最终理解了这种猛政，所以舆人又赞扬他："我有子弟，子产诲之；我有田畴，子产殖之。子产而死，谁其嗣之？"（同前，襄公三十年）

最能体现子产猛政主张的莫过于"铸刑书"。《左传》昭公六年记载："六月，郑人铸刑书。"此举非同小可，晋大夫叔向为此写来一封长信，严厉批评子产：

> 始吾有虞于子，今则已矣。昔先王议事以制，不为刑辟，惧民之有争心也。犹不可禁御，是故闲之以义，纠之以政，行之以礼，守之以信，奉之以仁；制为禄位，以劝其从；严断刑罚，以威其淫。惧其未也，故诲之以忠，耸之以行，教之以务，使之以和，临之以敬，莅之以强，断之以刚；犹求圣哲之上、明察之官、忠信之长、慈惠之师，民于是乎可任使也，而不生祸乱。民知有辟，则不忌于上，并有争心，以征于书，而徼幸以成之，弗可为也。夏有乱政，而作《禹

刑》；商有乱政，而作《汤刑》；周有乱政，而作《九刑》。三辟之兴，皆叔世也。

今吾子相郑国，作封洫，立谤政，制参辟，铸刑书，将以靖民，不亦难乎？《诗》曰："仪刑（型）式文王之德，日靖四方。"又曰："仪刑（型）文王，万邦作孚。"如是，何辟之有？民知争端，将弃礼义而征于书，锥刀之末，将尽争之。乱狱滋丰，贿赂并行，终子之世，郑其败乎？肸闻之，"国将亡，必多制"，其此之谓乎？

对叔向的批评，子产并没有直接反驳，只是说："若吾子之言，侨（子产名）不才，不能及子孙，吾以救世也。既不承命，敢忘大惠！"近代以来，学者多从公布成文法的角度探讨"铸刑书"的意义。其实，正如叔向所批评的，"铸刑书"是郑国为政方略的转向——从宽政向猛政转向的标志，这也是对"水火之喻"最好的注脚。

二 孔子对"水火之喻"的解说

关于"水火之喻"，孔子曾经有一段评论，原文附于《左传》昭公六年子产遗教之后：

仲尼曰："善哉！政宽则民慢，慢则纠之以猛；猛则民残，残则施之以宽。宽以济猛，猛以济宽，政是以和。《诗》曰：'民亦劳止，汔可小康。惠此中国，以绥四方'，施之以宽也。'勿从诡随，以谨无良。式遏寇虐，惨不畏明'，纠之以猛也。'柔远能迩，以定我王'，平之以和也。又曰'不竞不絿，不刚不柔，布政优优，百禄是遒'，和之至也。"及子产卒，仲尼闻之，出涕曰："古之遗爱也。"

宋代以来常有学者怀疑这段文字的真实性。陆九渊认为：

宽、猛（相济）之说，古无有也，特出于《左氏》载子产告子大叔之辞，又有"宽以济猛，猛以济宽"之说，而托以为夫子之言。呜呼！是非孔子之言也。①

现代学者童书业先生认为，"（宽猛相济）与《论语》所载孔子之言

---

① （宋）陆九渊著，钟哲点校：《陆九渊集》，中华书局1980年版，第356页。

弗类"。① 何勤华先生则认为,"宽猛相济"是《左传》作者的见解,与孔子无关。② 其实,《左传》的这段记载与孔子思想并不矛盾。《礼记·杂记》就记载了孔子类似的观点:"张而不弛,文武弗能也。弛而不张,文武弗为也。一张一弛,文武之道也。"

孔子提出"宽猛相济",首先是对"水火之喻"的纠偏。从子产到子大叔执政时期,郑国的统治政策一度经历了猛政——宽政——猛政的反复,在逻辑上可以表示为"正"——"反"——"正"。如果观察者的视野仅限于"水火之喻",那么从这个有限的逻辑链条自然可能得出猛政比宽政合理的结论;但是如果从长远和发展的角度来看,前面的逻辑链条则就可以展延为"正"——"反"——"正"——"反"……这就是说,在宽、猛两种统治方式之间应该不断协调以求最优状态,结论即为"宽猛相济"。这正是儒家中庸之道的基本表现形式。

然而,我们也应该注意,尽管"宽猛相济"在形式上表现得不偏不倚,但矛盾的主要方面是宽政。中庸之道一向反对绝对的平衡。孔子说:"君子之于天下也,无适也,无莫也,义之与比。"(《论语·里仁》)从根本宗旨来说,合乎儒家之"义"的显然是宽政而不是猛政。为了实现宽政的目标,有时可以在手段上有所权变。孔子说:"可与共学,未可与适道;可与适道,未可与立;可与立,未可与权。"(《论语·子罕》)权变不但不易实行,而且终究只是辅助手段。从根本上说,宽政在孔子思想体系中仍具有不可动摇的地位。孔子将宣扬上古政治传统作为其政治理想,自称"述而不作"(《论语·述而》)。在其传述的《尚书》里,德、刑关系明显地体现出德主、刑辅的特征。在这方面,舜是第一个楷模。传说他的主要政绩就包括减轻刑罚:"象以典刑,流宥五刑,鞭作官刑,扑作教刑,金作赎刑。眚灾肆赦,怙终贼刑。"舜任命殷人的祖先契做司徒,要求他"敬敷五教,在宽",任命皋陶做"士"(刑官),告诫他"五刑有服,五服三就;五流有宅,五宅三居,惟明克允"(《尚书·尧典》)。皋陶被后世奉为刑官之祖,但是"皋陶迈种德"(即皋陶能以德服人,《左传》庄公八年)。夏人更提倡"与其杀不辜,宁失不经"③。商汤"德及禽兽",故能赢得天下诸侯的拥戴,从而取代无道的夏桀而成天下共主(《史记·殷本纪》)。"周监于二代,郁郁乎文哉"(《论语·八

---

① 童书业:《春秋左传研究》,上海人民出版社1980年版,第88页。
② 何勤华:《先秦经典中的法学思想评述》,《河南政法管理干部学院学报》1999年第5期。
③ 《夏书》佚文,转引自《左传》襄公二十六年。

俙》)。文、武、周公"明德慎罚"(《尚书·康诰》),向为世人所称道,"成、康之际,天下安宁,刑措四十年不用"①。《尚书·吕刑》:"典狱非讫于威,惟讫于富(仁厚)"也就是说,刑罚必须以仁厚为宗旨。

春秋时代,尽管猛政统治渐成潮流,但是孔子依然认为,以政令刑罚为先的统治(猛政)劣于以礼教德化为先的统治(宽政):"道之以政,齐之以刑,民免而无耻;道之以德,齐之以礼,有耻且格"(《论语·为政》)。鲁国权臣季康子曾经问政于孔子:"如杀无道以就有道,何如?"孔子答曰:"子为政,焉用杀?子欲善而民善矣。君子之德风,小人之德草。草上之风,必偃。"(《论语·颜渊》)统治者应该具备"宽"的品质,"宽则得众"(《论语·阳货》),"为政以德,譬如北辰居其所而众星共之"(《论语·为政》)。孔子反对"不教而杀"与"不戒而成",因为"不教而杀谓之虐,不戒而成谓之暴"(《论语·尧曰》)。"使民以时"(《论语·学而》)"使民如承大祭"(《论语·颜渊》)等也是宽政的体现。以上这些主张联结成为一个有机的整体,不会因为一句"宽猛相济"而动摇其根本。孔子之所以提出"宽猛相济",其原因正如竹添光鸿所指出的那样,在于"子产之论易为刑名家所借口",唯有"得夫子相济之说,而理始足。和即济之效也。后引诗曾迭咏叹,却不粘煞子产之说"②。这就是说,"宽猛相济"是站在儒家的立场上对"水火之喻"的本义的纠偏。

郑国"铸刑书"二十三年后,晋国也将刑书铸造在鼎上,史称"铸刑鼎"。孔子大加批评:"晋其亡乎!失其度矣。"(《左传》昭公二十九年)但是,孔子关于子产"铸刑书"有何直接评论,却不得而知。有的学者认为,孔子当时年幼,对子产"铸刑书"尚未关注③。有的学者则解释,孔子对晋国铸刑鼎的批评,主要是因为刑鼎所铸刑书属于"乱制",且主事者有犯上悖礼之嫌,而子产"铸刑书"不属此例④。我们觉得,综合分析孔子对子产的态度,或许上面的问题可以找到答案。

对儒家来说,子产具有十分重要的历史价值。他虽然只是一个小国的执政,但是身处春秋政治舞台的核心,具有儒家历来器重的政治品质与影响力。如前所述,"水火之喻"也记载于《韩非子》,表明法家对子产也

---

① 《文选·贤良诏》注引《竹书纪年》。见方诗铭等《古本竹书纪年辑证》,上海古籍出版社2005年版,第45页。
② [日]竹添光鸿:《左传会笺》,辽海出版社2008年版,第495页。
③ 庆明《"铸刑鼎"辨正》,《法学研究》1985年第3期。
④ 俞荣根:《儒家法思想通论》(修订版),广西人民出版社1998年第2版,第82页。

是重视的。不过，法家对子产的重视程度远不能与儒家相比。在孔子看来，子产"其行己也恭，其事上也敬，其养民也惠，其使民也义"（《论语·公冶长》），当称其为"惠人"（《论语·宪问》）。据说"孔子尝过郑，与子产如兄弟云"①。后世有人甚至说，"后半部《春秋》全赖此人（子产）生色"，"子产之德过于管仲"，可谓"春秋第一人"②。从某种程度上说，子产是春秋政治希望之所在。

反观孔子，尽管他也名重天下，却基本上处在春秋政治的边缘；周游列国，却不能像子产一样施展政治抱负。《史记·孔子世家》记载：

> 孔子适郑，与弟子相失，孔子独立郭东门。郑人或谓子贡曰："东门有人，其颡似尧，其项类皋陶，其肩类子产，然自要（腰）以下不及禹三寸，累累若丧家之狗。"子贡以实告孔子。孔子欣然笑曰："形状，末也。而谓似丧家之狗，然哉！然哉！"

可以说，失落的孔子对子产怀有某种期许。宋代金履祥说："子产治国之才，非当世之所及，然则夫子称之，亦圣人待衰世之意。"③ 子产去世后，"仲尼闻之，出涕曰：'古之遗爱也。'"王念孙注："爱即仁也，谓子产之仁爱有古人遗风。"④ 能够得到孔子如此褒扬的春秋人物只有子产。在这种真挚的敬重心情下，如果说孔子对子产猛政言行有所"沉默"，也许不是不合情理吧。实际上，为尊、亲及贤者隐讳是儒家的传统。《公羊传》闵公元年："春秋为尊者讳，为亲者讳，为贤者讳。"当然，孔子的隐讳带有一定的策略意识。他对晋国"铸刑书"大加鞭挞，对子产"铸刑书"却网开一面；他反对子产"水火之喻"宣扬的猛政，却并不直接批评，而是借助"宽猛相济"进行形式上的平衡，用宽政思想消解"水火之喻"的猛政内涵。

---

① 见《史记·孔子世家》。子产年长孔子三十岁左右，故"兄事"说可能不合情理，但孔子推崇子产是不争的事实。参见关锋、林聿时《略论子产和老子》（《哲学研究》1959年第7期）、李慎仪《论子产》（《开封师院学报》1963年第2期）以及白寿彝《中国通史》（上海人民出版社1989年版，第3卷第1066页）。
② 参见郑克堂《子产评传》，台湾商务印书馆有限公司1989年版，"叙例"。
③ 金履祥：《论语集注考证》，中华书局1985年版，第29页。
④ （清）王引之撰，钱文忠等整理，朱维铮审阅：《经义述闻》，上海书店出版社2012年版，第30页。

三 战国西汉之间的"水火之喻"

儒家对"水火之喻"猛政思想的消解，孔子发其端，但真正使其猛政内涵丧失的则首推战国西汉之间的儒家后学。

在这一时期的文献中，我们看到，学者称说子产时使用的虽然还是孔子使用过的"仁""惠"，或"贤能"等字眼，但孔子并不回避子产猛政的气度却难得一见。除了《左传》和《韩非子》，《汉书》以前的众多文献几乎都没有提及子产的猛政历史。物极必反，至晚到孟子时候，在一片赞誉声中出现了这样的传说："子产听郑国之政，以其乘舆济人于溱、洧。"孟子对此颇不以为然：

> 惠而不知为政。岁十一月徒杠成，十二月舆梁成，民未病涉也。君子平其政，行辟人可也。焉得人人而济之？故为政者，每人而悦之，日亦不足矣。（《孟子·离娄下》）

也就是说，统治者的责任是做好自己职守范围内的事情，而不是取悦于民。荀子也说："子产取民者也，未及为政也"（《荀子·王制》）。而《礼记·仲尼燕居》更记载了据称出自孔子的一句话："子产犹众人之母也，能食之，不能教也。"这些不满的存在不是因为子产不仁，而是子产仁惠之名广泛传播的一种较为极端的表现。子产"不知为政"，不是因为他行威猛之政，反而是因为他过于仁慈。

子产声誉日隆，大有跃居孔子之上的势头。《说苑·贵德》记载：

> 季康子谓子游曰："仁者爱人乎？"子游曰："然。""人亦爱之乎？"子游曰："然。"康子曰："郑子产死，郑人丈夫舍玦珮，妇人舍珠珥，夫妇巷哭，三月不闻竽琴之声。仲尼之死，吾不闻鲁国之爱夫子，奚也？"子游曰："譬子产之与夫子，其犹浸水之与天雨乎？浸水所及则生，不及则死，斯民之生也必以时雨，既以生，莫爱其赐，故曰：譬子产之与夫子也，犹浸水之与天雨乎？"

尽管子游仍然认为子产之仁不及孔子，然而季康子能将子产与孔子做比，这与前文孟、荀以及《礼记》所言，不正好从反面说明子产"仁"名远播吗？

如此看来，子产的猛政事迹已经开始从儒家后学的视野中淡出。《吕氏春秋·下贤》称，子产"相郑十八年，刑三人，杀二人，桃李之垂于行者莫之援也，锥刀之遗于道者莫之举也"。这分明是"成康之治"与"刑措四十年不用"的再版。《吕氏春秋》本身不是儒家文献，但是它对子产的宽政事迹的记录，一方面固然与儒者的参与有关，另一方面也说明相关传说的流传非常广泛。

作为猛政事迹消解的继续，儒家后学从称颂子产的仁厚宽惠发展到把他尊奉为宽政楷模。从战国开始，前文孔子与季康子关于猛政的对话衍生出两种新版本，一种见于《韩诗外传》卷三第二十四章：

> 季孙之治鲁也，众杀人而必当其罪，多罚人而必当其过。子贡曰："暴哉治乎！"季孙闻之，曰："吾杀人必当其罪，罚人必当其过，先生以为暴，何也？"子贡曰："夫奚不若子产之治郑？一年而负罚之过省，二年而刑杀之罪亡，三年而库无拘人。故民归之如水就下，爱之如孝子敬父母。子产病将死，国人皆吁嗟曰：'谁可使代子产死者乎？'及其不免死也，士大夫哭之于朝，商贾哭之于市，农夫哭之于野。哭子产者，皆如丧父母。今窃闻夫子疾之时，则国人喜，活则国人皆骇。以死相贺，以生相恐，非暴而何哉？赐闻之，托法而治谓之暴，不戒致期谓之虐，不教而诛谓之贼，以身胜人谓之责。责者失身，贼者失臣，虐者失政，暴者失民。且赐闻居上位行此四者而不亡者，未之有也。"于是季孙稽首谢曰："谨闻命矣。"

一种见于《新序》：

> 臧孙，鲁大夫，行猛政。子贡非之曰："夫政犹张琴瑟也，大弦急则小弦绝矣。故曰：'罚得则奸邪止，赏得则下欢悦。'子之贼心见矣。独不闻子产之相郑乎？推贤举能，抑恶扬善，有大略者不问其短，有厚德者不非小疵，家给人足，囹圄空虚。子产卒，国人皆叩心流涕，三月不闻竽琴之音。其生也见爱，死也可悲。故曰：'德莫大于仁，祸莫大于刻。'今子病而人贺，子愈而人相惧，曰：'嗟乎！何命之不善，臧孙子又不死？'"臧孙惭而避位，终身不出。[①]

---

① 转引自（南朝宋）范晔撰，（唐）李贤等注，中华书局编辑部点校《后汉书》，中华书局1965年版，第1550页。

以上两则记载，文字有所不同，但都已经把子产之政作为猛政的对立面和施行宽政的历史典范。它显示出，子产的宽政形象已经非常稳固。同一时期，虽然有《左传》和《韩非子》的记录，但总是不见其他文献的征引，连号称"实录"的《史记》也如此。将《史记》与《左传》相对照，我们不难看出，有关子产的史料，二者绝大多数相同，但《史记》却从未言及与猛政有关的"铸刑书"和"水火之喻"。令许多学者不解的是，司马迁还将子产列入《循吏列传》，其篇首云："法令所以导民也，刑罚所以禁奸也。文武不备，良民惧然身修者，官未曾乱也。奉职循理，亦可以为治，何必威严哉？"也就是说，《循吏列传》收录的是推行宽政的人物。

随着子产猛政在儒家文献中淡出，原本用以说明猛政的水与火的比较转而被儒家用来说明宽政。《礼记·表记》：

> 子言之："君子之所谓仁者，其难乎！……非至德其孰能如此乎？母亲而不尊，父尊而不亲。水之于民也，亲而不尊，火尊而不亲。土之于民也，亲而不尊。天尊而不亲，命之于民也，亲而不尊，鬼尊而不亲。"

在儒学观念中，君子之德与为政之道是相通的。"君子之所谓仁者，其难乎"至"非至德其孰能如此乎"不正是子产"唯有德者能以宽服民"的另一种说法吗？本篇"水与火"的比喻之外，还增加了诸如"父与母""土与天""命与鬼"等比喻，但归结到一点，是"仁"难，"仁"难即"宽"难。具有理想主义气质的儒家一向讲求为行宽政迎难而上，甚至知其不可而为之。这与子产的考虑显然不同。《礼记·缁衣》篇也记载了孔子"小人溺于水……夫水近于人而溺人"的说法，大概可以算半个"水火之喻"吧。当然，这也是形式上的，内容也已经被置换。

战国西汉之间，儒家基本上只称说子产仁惠的一面，而对其猛政事迹隐而不谈，这用《左传》晚出来解释可能是以往最方便的办法。然而研究证明，《左传》在这一时期的传播从来没有中断过。未立于学官前，其传播范围可能有限，因而熟悉子产猛政事迹的人数相对有限；但这种限制的影响力不能估计过高，因为，有关子产猛政言行的记载，即使不见于《左传》，也见于《韩非子》。西汉司马迁编写《史记》，刘向校订朝廷秘书，都有机会见到相关记述，但是他们都未置一辞。在孔子去世以后近四百年间，儒家话语几近众口一词，唯独盛传子产之"宽"，而子产之

"猛"似乎根本不存在。可见《左传》流传的限制不是影响子产历史形象传播的主要原因。

孔子及其后学对子产推崇的猛政天然地带有一种强烈的消解意识,可以称之为"宽政情结"。孔子对子产的猛政史实还有所回避,在儒家后学那里这种情结发展为一种偏见,达到置"异端"史料于不顾的地步,这恐怕是许多人始料未及的。

四 东汉以后的"水火之喻"

西汉末年,经过不断争取,《左传》终于立于学官,东汉以后虽经反复,但是《左传》越来越受到重视却是无法改变的趋势,因此,子产猛政历史重见天日,从文献条件上讲,应该是情理之中的事情。在这种背景下,班固第一个打破了沉默。他在《汉书·刑法志》中写道:

> 春秋之时,王道浸坏,教化不行,子产相郑而铸刑书。晋叔向非之……偷薄之政,自是滋矣。

班固全文引述《左传》关于"铸刑书"的记载,把它视为春秋末年以后"偷薄之政"(即猛政或刑罚苛政)的源头。

尽管尘封了几个世纪的"秘密"已经被班固揭开,但是班固的"发现"并未给学者们固有的认识带来多大的冲击。其妹班昭补写《汉书·古今人表》,在先秦九等人物当中还是把子产列为仅次于"上上(圣人)"等人物[1]的"上中(仁人)"等人物[2]。与班固同时的马严据说"能通《春秋左氏传》",但是在他笔下,"水火之喻"与"宽猛相济"并无此疆彼界:

> 传曰:"上德以宽服民,其次莫如猛。故火烈则人望而畏之,水懦弱,则人狎而玩之。为政者宽以济猛,猛以济宽。"[3]

马严这种不加区分的引用,居然长期没有引起后人的异议。唐代李贤领衔

---

[1] 仅包括三皇、五帝、文、武、周公以及孔子。
[2] 该等事迹可详的春秋政治家只有管仲、叔向和子产。但叔向的影响不及子产,子产的影响也不在管仲之下。
[3] (南朝宋)范晔撰,(唐)李贤等注,中华书局编辑部点校:《后汉书》,中华书局1965年版,第860页。

的《后汉书注》更是笼统地将马严的话说解释为"《左传》郑子产诫子大叔为政之词也"。魏晋时期成书的《孔子家语·正论解》则将前述儒家关于子产的评述加以拼合：

> 子游问于孔子曰："夫子之极言子产之惠也，可得闻乎？"孔子曰："惠在爱民而已矣。"子游曰："爱民谓之德教，何翅（啻）施惠哉？"孔子曰："夫子产者，犹众人之母也，能食之，弗能教也。"子游曰："其事可言乎？"孔子曰："子产以所乘之舆济冬涉者，是爱而无教也。"①

在此后更多的世纪里，按照孔子的期望来理解（消解）子产，对《左传》《韩非子》的记载熟视无睹者仍然大有人在。

三国时期，刘邵曾把子产的猛政思想解释为宽政原则下的权宜之计：

> 兼有三材，三材皆微，其德足以率一国，其法足以正乡邑，其术足以权事宜，是谓器能，子产……是也。②

《魏书·景穆十二王中》记载：

> 高祖诏（元）澄曰："昔郑子产铸刑书，而晋叔向非之。此二人皆是贤士，得失竟谁？"对曰："郑国寡弱，慑于强邻，民情去就，非刑莫制，故铸刑书以示威。虽乖古式，合今权道，随时济世，子产为得。而叔向讥议，示不忘古，可与论道，未可语权。"

后世持此观点者还有赵汸："为政用猛，非君子之道，或因大叔所偏而矫之。"③ 彭家屏则说："盖因时因人因地，酌量以取中，非谓行宽政之后必有流弊，而以猛政救之也。宽本无弊，宽而至于民慢，用宽者之过，不可以是诬先王之道为有弊也。"④

---

① （清）陈士珂辑，崔涛点校：《孔子家语疏证》，凤凰出版社2017年版，第286页。
② "三材"是刘邵品评人物的术语，是"德行高妙，容止可法"的"清节之家"，"建法立制，强国富人"的"法家"以及"思通道化，策谋奇妙"的"术家"的统称。详参（三国魏）刘邵撰，王晓毅译注《人物志译注》，中华书局2019年版，第58页。
③ （清）梁履绳：《左通补释》，光绪十四年江阴南菁书院刻《皇清经解续编》本，卷二十六。
④ 转引自［日］竹添光鸿《左传会笺》，辽海出版社2008年版，第495页。

权变说不但没有否定作为前提的宽政，而且也为猛政找到了安身的依据，因而几乎是儒家语境下最圆通的解释了。我们看到，后世有治世抱负的官僚、士大夫常以此为信条。例如，晚清曾国藩一生服膺程朱理学，但是他也推崇"子产治郑、诸葛治蜀、王猛治秦，皆用严刑以致乂安"的统治方式。①

不过，权变说也有它难以自圆其说的地方，那就是它的临时性，而临时性最终又影响到它的正当性。所以，朱熹的弟子直言不讳地说："子产相郑，铸刑书，作丘赋，时人不以为然。是他不达'为国以礼'底道理，徒恃法制以为国，故郑国日以衰削。"朱熹只能以"他力量只到得这里"相开脱。② 这等于默认了子产施行猛政的事实，那么《论语》中孔子对子产的赞扬又如何解释呢？朱熹说："子产心主于宽，虽说道'政尚严猛'，其实乃是要用以济宽耳，所以为惠人。"③ 至于孟子批评子产"惠而不知为政"，朱熹则解释道，"子产政事尽做得好，不专爱人。做得不是，他须以法治之。孟子所言'惠而不知为政'者，偶一事如此耳。"④

尽管朱熹左右调停，但矛盾还是难以彻底消除。这充分说明，儒家对子产猛政思想的消解到宋代前后实际上已经失灵。与儒家思想相比，子产的猛政观念终究是一个"异类"。对异类的消解往往要冒被异类反消解的风险。为了消除被消解的风险，与朱熹同时代的陆九渊连孔子"宽猛相济"说都敢于否定了，这可以视为一些儒家人士应对危机的一种本能反应。可是如果消解子产的语境没有根本改观，完全推翻孔子以来的观点显然也是不可能的。晚至清朝咸丰年间，一代名儒俞樾还上书朝廷，请求将子产配享于文庙，以纳入儒学圣贤谱系的方式，实现对其为政思想的消解与融合。⑤

儒家消解子产猛政思想的过程漫长而复杂。说它漫长，因为儒家心头的宽政情结始终挥之不去；说它复杂，因为史实与理想之间的抉择艰难曲折。今天的学者虽然一般已经不再纠缠于宽、猛之辨，可是当年儒家语境下出现的思想混乱却依然存在。学术界将"水火之喻"与"宽猛相济"混同者仍大有人在。只要稍稍翻检一下通行的中国法律思想史著述，就可知笔者并非虚言。只有少数学者将"水火之喻"的核

---

① （清）曾国藩：《劝诫州县四条》，载葛士濬辑《清经世文续编》卷十六，光绪八年。
② （宋）黎靖德编，王星贤点校：《朱子语类》，中华书局1986年版，第2170页。
③ （宋）黎靖德编，王星贤点校：《朱子语类》，第1123页。
④ （宋）黎靖德编，王星贤点校：《朱子语类》，第730页。
⑤ （清）俞樾：《奏定文庙祀典记》，载葛士濬辑《清经世文续编》卷五十二，光绪八年。

心理解为"猛政"。① 由此可见传统儒家对子产猛政思想长期消解所造成的后遗症并没有完全清除。

需要说明的是，我们无意夸大思想意识的作用，因为思想观念本质上仍然是历史实践的产物。历代儒家企图消解子产猛政思想的影响，但是其影响却从来不曾消失。长期以来，中国古人在"水火之喻"以及子产政治思想的解读上存在着史实与理想，观念与实践的巨大反差，我们不能忽视本论题的研究意义。

---

① 如范文澜等指出："他（子产）治国主张行猛政"（见其《中国通史》，北京人民出版社1994年版，第1册第156页）。刘泽华认为："对于德、刑关系的处理，子产主张宽、猛结合，以猛为主的方针。"尽管这多少还受到孔子"宽猛相济"思想的影响，但是已经抓住"水火之喻"的核心（见其《先秦政治思想史》，南开大学出版社1984年版，第132页）。

余　　论

子产的历史著之竹帛，铭刻于金石，绘于图画，永远留驻在漫长的历史记忆中。他属于郑国，也属于整个春秋时代，某种程度上，还将超越那个时代。《后汉书》记载，赵岐规划自己的墓葬时，把季札、子产、晏婴和叔向的形象刻画在墓圹四周，并配以赞颂文字，以相伴长眠的方式表达自己对春秋先贤的由衷敬仰。① 回首春秋风云变幻，小国之相子产的存在和影响令人深思。

历史学，作为人类文化史上最早形成的学科之一，其研究对象和研究旨趣，或许可以用这样一个算式来概括：历史学＝"人"＋"时"。换言之，它所要研究并加以记述的，是在一定时间范围内出现的人的活动。世界上最早出现，也是最简单的历史记述，是《春秋》经式的编年大事记，它们将当时最有影响的那些人的重大活动一一贴上年代的标签，然后按时间顺序简单地排列起来。此种记述确实具备了历史学的基本形式："人"和"时"，形式虽然粗陋，但终究被明确地呈现出来了，却也是人类知识发展史的重大进步。后世史学发展，始终以此二者为核心，这中间有或者更重"人"，或者更重"时"的区别，但历史应当是"人"与"时"的结合，则是学界所公认的。历史学要研究的是人的活动，是在一定的场景（时）中发生的人的活动。古往今来的历史撰述与历史研究，概不能出此界阈。

如果说古代的历史学更重视人的活动本身，在近现代成长起来的历史科学，则更关注"时"——人的活动的场景，试图以此更深切地理解人的活动的实质。随着历史的发展，人们越来越深刻地认识到"时"对"人"的限制。近代以来历史学科学化的原因或者说背后的推动力，可能

---

① 《后汉书》卷六十四："（赵岐）先自为寿藏，图季札、子产、晏婴、叔向四像居宾位，又自画其像居主位，皆为赞颂。"[（南朝宋）范晔：《后汉书》，中华书局1965年标点本，第2124页]。

就在于认识到人的活动并不是真正自由的，他受着"时"的限制——甚至可以说是决定。阿拉伯谚语说，"与其说人如其父，不如说人酷似其时代。"① 表面上看来出自人的自由意志的言行，其实都带有其所处时代的印记。个人的思想、心理活动、日常行为以及生活习惯，无不受制于时代。

那么，如何去认识时代？法国年鉴学派大师费尔南·布罗代尔（Fernand Braudel）提出的历史时间三时段论，为人们勾画出了"时"的不同层次："长时段"，与其相适应的概念是"结构"，指长期不变或者变化极慢的，但在历史上起经常、深刻作用的一些因素，如地理、气候、生态环境、社会组织、思想传统等；"中时段"，与之相适应的概念是"局势"，是指较短时期内起伏兴衰、形成周期和节奏的一些对历史起重要作用的现象，如人口消长、物价升降、生产增减、工资变化等等；"短时段"，与之相适应的概念是"事件"，是指一些突发的事变，如革命、条约、地震等。在布罗代尔看来，"事件"只是喧嚣一时的新闻，是"闪光的尘埃"，转瞬即逝②。布罗代尔的三时段说，使本来混沌不明的"时"——人类活动的历史场景变得清楚了，其纵深层次历历分明地展现在人们面前，有助于人们更好地认识历史。不过，布罗代尔对各个时段作用的看法及其对三种不同时段历史的具体处理，又并非无懈可击。其中最受后人訾议的，是他所持的静态的、悲观的历史观。在布罗代尔的笔下，历史时间的三个时段是割裂的、似乎是互不相干的；布罗代尔过分看重长时段的决定作用，他的兴趣在于认识长时段历史，他对于转瞬即逝的各种具体事件没有多少兴趣，因此在他的三时段体系中出现的"人"，总是居于被动的、从属的地位③。

综言之，布罗代尔的历史时间三时段说为我们理解历史时间和历史的不同层次指出了便利的门径，但布罗代尔本人对三时段的认识和处理，又确实存在着严重的不足。在他所构建的巨大时空框架里，没有给人留出足

---

① （法）马克·布洛赫著，张和声、程郁译：《历史学家的技艺》，上海社会科学院出版社1992年版，第30页。

② 此处对"长时段""中时段""短时段"的解说，采用了在中国大力引进年鉴学派史学著作和方法的张芝联先生的说法。详见张芝联《费尔南·布罗代尔的史学方法》，此文为顾良、施康强所译布罗代尔重要著作《15至18世纪的物质文明、经济和资本主义》之中译本代序，生活·读书·新知三联书店1992年版，第7页。

③ 张芝联：《费尔南·布罗代尔的史学方法》，载［法］费尔南·布罗代尔著，顾良、施康强译《15至18世纪的物质文明、经济和资本主义》，生活·读书·新知三联书店1992年版，"中译本代序"第8、17、18页。

够的合适的位置。人毕竟不是被动地生长在某个地点上的植物，而是有着自由意志、能够自由行动、对自己的行动有着主观体认的智慧生物。这种自由虽然是有限的，跳不出"时"这尊如来佛的掌心，但人在这掌心之内，总还是可以翻上无数个筋斗云。更重要的是："时"并不是一个外在于人的孤独存在，而是由人的活动组成的，又是人活动的结果。布罗代尔恰恰忽视了这一点。布罗代尔时代及其之后年鉴学派在历史认识方面的曲折变化，再一次证明历史学应是"人"与"时"的结合，过分偏重任何一个方面都将使历史学变得跛足难行。

　　人在适应环境的同时也改造着环境，历史的面貌是历史地形成的，它随着人的活动在不断地发生着变化。因此人既受制于时代，同时也影响着时代、塑造着时代。如果我们摆脱布罗代尔对长时段的偏好，从这个意义上重新审视历史时间三时段说，那么，我们似乎可以这样来理解这三个不同的历史时段和它们之间的交互关系：历史时间的三时段，不是互不相属的三层幕布，而是彼此穿越、互相交织而成的一个厚厚的、复杂的网状物。数不清的个人、此起彼伏的事件、重复发生的行为，都是这网上大大小小的结。每个结都不是孤立存在的，都有一些线头，以结为中心向周围伸展而出，使每个结都与其他的一些结连接起来。牵一发而动全身。每个结都从不同的角度、不同的位置提供了关于这张历史大网的一些信息。当然，这不同的结有大有小，其中大部分是密密麻麻的构成历史这张大网底色的小结，然后是大一些的、更大一些的结，从无数的小结中凸显出来。最大的那些结对整个网的构成起着关键的作用。清理从这类结周围伸展出去的线条，我们将会遭遇历史之网的许多地方，因此它所能提供的历史信息是那些小结所难以比拟的。

　　如果将春秋后期比作这样一张历史之网，子产无疑是其中居于显著位置，能够照应全局的一个"大节"。春秋后期社会历史变迁的诸多方面，在子产身上都有突出的反应。因此我们可以透过子产的活动，来窥测、认识春秋后期历史。从子产出发来考察春秋后期的社会历史变迁，这是一个极好的观察"人""时"互动的角度。当然，春秋后期和子产本人，直到今日都是众说纷纭、扑朔难明的问题，需要从不同角度、采用不同方法来研究。本书选择这样一个题目，即尝试从一个不同于既往的春秋史研究的角度，来解析这段久远的布满尘灰的历史。本书绝不是为了玩弄方法或有意标新立异，而只是尝试将微观研究与宏观研究统一起来，通过不同视角的折射映衬来更好地认识春秋后期历史。

　　晁福林先生在《中国古史的氏族时代——应用"长时段"理论的一

个考察》中指出,"按照我们对'长时段'理论的理解",影响先秦时代的根本性质的因素,"首当其冲的就是氏族的长期而普遍的存在及其影响的广大和深远"。因此可以把先秦时代称之为"氏族时代"。在这个时代的不同历史阶段,氏族的表现形态又存在着一定的区别。西周春秋时期,"氏族发展的关键是适应新的社会局势而大量涌现宗族。这些随分封制而兴起的宗族成为社会上最基本的组织单位"①。本书认为,晁先生运用"长时段"理论对先秦社会结构的思考是极富创见的,并确实抓住了先秦社会结构的根本。因此,本书没有过多地从"长时段"考察春秋后期的历史,在这方面,本书主要采用晁先生的看法,即从"氏族时代"的宗族组织这个角度,来看待春秋后期社会的基本结构。当然,正如晁先生文中已指出的,春秋时期"社会上开始出现不属于宗族的人士","族"与"国"的矛盾日益凸显。在子产活动的春秋后期,社会内部的激烈动荡更甚于往昔,社会结构面临巨大变革的苗头已经显露。对于子产时代"长时段"方面的变化,本书有所探讨,但未作重点讨论。本书重点考察的,是从子产崭露头角到其去世这几十几年间的时局与情势,基本上属于"中时段"的范围。在"短时段"层面的事件的梳理和解读,也是本书立意之所在。至于三个时段的相互关联、互相影响,则是本书念兹在兹,始终不敢忽视的问题。

　　需要指出的是,人虽受制于时代,但在一定的意义上,人也能够超越其时代。人的思想、精神、行为方式可以超越时代的局限而在历史中传承,个人可能被看作代表某种品德、行为、信仰、思想的一个符号、一个象征。这是哲学、伦理学等学科得以出现的原因,也是历史学这一学科得以存在的根源和意义所在。当然,时代也可能被符号化、象征化。比如近代西方人好说的"黑暗的中世纪",中国人盛称的"大汉""盛唐"等等。在对历史人物的不同诠释里所表现出来的时代与个体的差别,同样是激动人心的。本书研究子产及其时代,也希望能从后人对子产及其时代的述说里,展现历史认识的多样性与局限性。

---

① 晁福林:《论中国古史的氏族时代——应用"长时段"理论的一个考察》,《历史研究》2001年第1期。

参考文献

一　基本古籍

（清）阮元校刻：《十三经注疏》，中华书局2009年版。
杨伯峻：《春秋左传注》，中华书局1990年版。
（汉）宋衷注；（清）秦嘉谟等辑：《世本八种》，中华书局2008年版。
王贵民、杨志清：《春秋会要》，中华书局2009年版。
（清）顾栋高：《春秋大事表》，中华书局1993年版。
［日］竹添光鸿：《左传会笺》，辽海出版社2008年版。
（三国吴）韦昭注：《国语》，上海古籍出版社1998年版。
（清）徐元诰：《国语集解》，中华书局2002年版。
（清）孙星衍：《尚书今古文注疏》，中华书局1986年版。
（清）孙诒让：《周礼正义》，中华书局1987年版。
（清）孙希旦：《礼记集解》，中华书局1989年版。
（清）朱彬：《礼记训纂》，中华书局1996年版。
（清）王聘珍：《大戴礼记解诂》，中华书局1983年版。
黄怀信、张懋镕、田旭东：《逸周书汇校集注》，上海古籍出版社1995年版。
（清）刘宝楠：《论语正义》，中华书局1954年版。
（清）焦循：《孟子正义》，中华书局1954年版。
（清）王先谦撰；沈啸寰、王星贤点校：《荀子集解》，中华书局1988年版。
（清）王先慎撰；钟哲点校：《韩非子集解》，中华书局1998年版。
（秦）吕不韦编；许维遹集释；梁运华整理：《吕氏春秋集释》，中华书局2009年版。
马承源：《上海博物馆藏楚竹书［柒］》，上海古籍出版社2008年版。
李学勤主编：《清华大学藏战国竹简［陆］》，中西书局2016年版。
（汉）司马迁：《史记》，中华书局1959年版。

［日］泷川资言：《史记会注考证》，上海古籍出版社 1986 年版。

刘操南：《史记春秋十二诸侯史事辑证》，天津古籍出版社 1995 年版。

（汉）刘向：《新序》，上海古籍出版社 1990 年版。

（汉）刘向：《说苑》，上海古籍出版社 1990 年版。

（魏）王肃注：《孔子家语》，上海古籍出版社 1990 年版。

二 研究专著

白寿彝：《中国通史》（一——四卷），上海人民出版社 1989 年版。

晁福林：《先秦社会形态研究》，北京师范大学出版社 2003 年版。

晁福林：《春秋战国的社会变迁》，商务印书馆 2011 年版。

陈来：《古代宗教与伦理——儒家思想的根源》，生活·读书·新知三联书店 1996 年版。

陈来：《古代思想文化的世界》，生活·读书·新知三联书店 2002 年版。

邓曦泽：《冲突与协调——以春秋战争与会盟为中心》，人民出版社 2015 年版。

段志洪：《周代卿大夫研究》，文津出版社 1994 年版。

葛兆光：《七世纪前中国的知识、思想与信仰世界——中国思想史》（第一卷），复旦大学出版社 1998 年版。

顾德融、朱顺龙：《春秋史》，上海人民出版社 2003 年版。

郝铁川：《周代国家政权研究》，黄山书社 1990 年版。

何怀宏：《世袭社会及其解体——中国历史上的春秋时代》，生活·读书·新知三联书店 1996 年版。

何兹全：《中国古代社会》，北京师范大学出版社 2001 年版。

河南博物院、台北"国立历史博物馆"：《新郑郑公大墓青铜器》，大象出版社 2001 年版。

河南省文物考古研究所：《新郑郑国祭祀遗址》，大象出版社 2006 年版。

河南省文物考古研究所：《郑韩故城兴弘花园与热电厂墓地》，文物出版社 2007 年版。

翦伯赞：《先秦史》，北京大学出版社 1988 年版。

蒋重越：《韩非子的政治思想》，北京师范大学出版社 2000 年版。

李惠仪：《〈左传〉的书写与解读》，江苏人民出版社 2016 年版。

李瑞兰：《春秋战国时代的历史变迁》，天津古籍出版社 1994 年版。

李学勤：《东周与秦代文明》，文物出版社 1991 年版。

李亚农：《西周与东周》，上海人民出版社 1956 年版。

梁启超：《先秦政治思想史》，天津古籍出版社2003年版。
刘家和：《古代中国与世界——一个古史研究者的思考》，武汉出版社1995年版。
刘家和：《史学经学与思想：在世界史背景下对于中国古代历史文化的思考》，北京师范大学出版社2005年版。
刘文强：《春秋封建政治之解体》，天工书局1978年版。
刘泽华：《先秦政治思想史》，南开大学出版社1984年版。
吕思勉：《吕思勉读史札记》，上海古籍出版社1982年版。
吕思勉：《先秦史》，上海古籍出版社1982年版。
马卫东：《春秋时期贵族政治的历史变迁》，吉林大学出版社2011年版。
马小红：《礼与法：法的历史连接》，北京大学出版社2004年版。
钱杭：《周代宗法制度史研究》，学林出版社1991年版。
钱宗范：《周代宗法制度研究——由宗法分封制形成的等级制度》，广西师范大学出版社1989年版。
沈玉成、刘宁：《春秋左传学史稿》，江苏古籍出版社1992年版。
宋杰：《先秦战略地理研究》，首都师范大学出版社1999年版。
孙曜：《春秋时代之世族》，中华书局1931年版。
田昌武、臧知非：《周秦社会结构研究》，西北大学出版社1996年版。
童书业：《春秋左传研究》，上海人民出版社1980年版。
童书业：《春秋史》，山东大学出版社1987年版。
王和：《从邦国到帝国的先秦政治》，泰山出版社2003年版。
王启发：《礼学思想体系探源》，中州古籍出版社2005年版。
王宇信：《中国政治通史》，人民出版社1993年版。
吴其昌：《金文世族谱》，北京图书馆出版社2004年版。
谢维扬：《周代家庭形态研究》，中国社会科学出版社1980年版。
辛田：《春秋战国时期社会转型研究》，陕西人民出版社2006年版。
徐复观：《两汉思想史》，华东师范大学出版社2001年版。
徐杰令：《春秋邦交研究》，中国社会科学出版社2004年版。
许倬云：《中国社会史论》，广西师范大学出版社2006年版。
杨鸿烈：《中国法律发达史》，商务印书馆1930年版。
杨宽：《古史新探》，中华书局1965年版。
杨宽：《西周史》，上海人民出版社1999年版。
杨师群：《东周秦汉社会转型研究》，上海古籍出版社2003年版。
俞荣根：《儒家法思想通论》，广西人民出版社1998年版。

袁林：《两周土地制度新论》，东北师范大学出版社 2000 年版。
张以仁：《春秋史论集》，联经出版事业公司 1990 年版。
赵伯雄：《春秋学史》，山东教育教育出版社 2004 年版。
赵伯雄：《周代国家形态研究》，湖南教育出版社 1990 年版。
赵光贤：《周代社会辨析》，人民出版社 1980 年版。
赵光贤：《亡尤室文存》，北京师范大学出版社 2001 年版。
赵世超：《周代国野制度研究》，陕西人民出版社 1991 年版。
郑克堂：《子产评传》，台湾商务印书馆 1989 年版。
左言东：《中国政治史》，浙江古籍出版社 1986 年版。

三　研究论文

E. R. Eichler, "The Life of Tsze-ch'an", *China Review*, Vol. 15, No. 1, 1886.
李慎仪：《论子产》，《开封师院学报》1963 年第 2 期。
斯维至：《从子产谈到孔子》，《吉林大学学报》1979 年第 5 期。
杨绪敏：《春秋时期的杰出政治家子产》，《徐州师范学院学报》1982 年第 1 期。
沙宪如：《子产的"使田有封洫"和"作丘赋"》，《辽宁师院学报》1983 年第 2 期。
宋尚斋：《〈左传〉对子产的描写》，《山东师大学报》1983 年第 4 期。
熊宪光：《子产治郑》，《文史知识》1984 年第 4 期。
李宝金：《论子产及其改革》，《兰州学刊》1984 年第 6 期。
张文质：《立"谤政"解》，《河北师范大学学报》1985 年第 1 期。
郑嘉融：《中国公布刑法的最早记载》，《史林》1987 年第 3 期。
宇文行：《简论子产外交思想与艺术》，《外交学院学报》1994 年第 4 期。
柯伦：《郑子产治国方略简论》，《湖北师范学院学报》1995 年第 2 期。
王晓勇：《子产法律思想论略》，《许昌师专学报》1997 年第 2 期。
杨皑：《子产有否杀邓析疑案分析》，《华南师范大学学报》1998 年第 4 期。
陈泳超：《关于子产天道鬼神观的误解与探正》，《湖南师范大学社会科学学报》1998 年第 5 期。
郑开：《子产：政治与思想之间的张力》，《原道》第六辑，贵州人民出版社 2000 年版，第 180—196 页。
骆宾基：《郑之"七穆"考》，《文献》第 21 辑，书目文献出版社 1985 年版，第 40—48 页。

尚志儒：《郑、棫林之故地及其源流探讨》，《古文字研究》第十三辑，中华书局 1986 年版，第 438—450 页。

曲英杰：《新郑考》，《历史地理》1990 年第 7 期。

黄锡全：《郑臧公之孙鼎铭文考释》，《考古》1991 年第 9 期。

［日］松井嘉德：《西周郑（奠）考》，《日本中青学者研究中国史论文集》，上海古籍出版社 1995 年版，第 40—84 页。

晁福林：《论郑国的政治发展及其历史特征》，《南都学刊》1992 年第 3 期。

史念海：《郑韩故城溯源》，《中国历史地理论丛》1998 年第 4 期。

蔡全法、马俊才：《群钟灿烂觅"郑声"——一九二件春秋郑国公室青铜编钟在新郑出土》，《寻根》1997 年第 5 期。

李学勤：《春秋郑器与兵方壶论释》，《松辽学刊》2001 年第 5 期。

刘志玲：《论春秋时期郑国的外交政策》，《鄂州大学学报》2002 年第 2 期。

王人聪：《郑大子之孙与兵壶考释》，《古文字研究》第二十四辑，中华书局 2002 年版，第 233—239 页。

徐复观：《一个历史故事的形成与演进——论孔子诛少正卯》，《民主评论》1958 年第 10 期。

陈槃：《春秋时代的乡校》，《大陆杂志史学丛书》第三辑第一册，大陆杂志社 1970 年版，第 286—290 页。

李根蟠：《春秋赋税制度及其演变初探》，《中国史研究》1979 年第 3 期。

崔大华：《释"国人"》，《历史教学》1980 年第 2 期。

韩连琪：《周代的军赋及其演变》，《文史哲》1980 年第 3 期。

日知：《〈春秋〉经传中的"国人"——试论古代中国的原始民主制》，《东北师大学报》1981 年第 2 期。

林甘泉：《从出土文物看春秋战国间的社会变革》，《文物》1981 年第 5 期。

杨升南：《春秋时期的第一次"弭兵盟会"考——兼论对"弭兵"盟会的评价》，《史学月刊》1981 年第 6 期。

杨剑虹：《"铸刑鼎"考释》，《中国古代史论丛》，福建人民出版社 1981 年第 3 辑，第 111—125 页。

任常泰：《西周春秋时期的"国人"》，《中国历史博物馆馆刊》1982 年第 4 期。

赵伯雄：《周代大夫阶层的历史发展》，《内蒙古大学学报》1983 年第

2 期。
韩连琪：《春秋战国时代政治的变化》，《中国史研究》1983 年第 4 期。
朱凤瀚：《关于春秋鲁三桓分公室的几个问题》，《历史教学》1984 年第 1 期。
陈剩勇：《诸侯争霸战争与春秋时期的社会变革》，《浙江学刊》1986 年第 4 期。
许倬云：《东周到秦汉：国家形态的发展》，《中国史研究》1986 年第 4 期。
[日] 吉本道雅：《春秋国人考》，《日本中青学者论中国史论文集（上古秦汉卷）》：上海古籍出版社 1995 年版，第 85—130 页。
武树臣：《孔子与"铸刑鼎"》，《孔子法律思想研究》，山东人民出版社 1986 年版，第 259—277 页。
葛志毅：《西周春秋政制抉微》，《中国史研究》1988 年第 1 期。
王贵敏：《试论贡、赋、税的早期历程——先秦时期贡、赋、税源流考》，《中国经济史研究》1988 年第 1 期。
邹昌林：《作爰田和小土地占有制的兴起》，《史林》1988 年第 3 期。
杨善群：《论春秋战国间的世卿制》，《求是学刊》1988 年第 5 期。
徐勇：《试析春秋中后期晋国的政局和赵氏强盛的原因》，《中国史研究》1989 年第 4 期。
徐喜辰：《论周代的世卿巨室及其再封制度》，《东北师大学报》1989 年第 5 期。
李朝远：《论西周社会分层秩序中的地位群体——卿大夫》，《人文杂志》1990 年第 1 期。
杨皑：《春秋战国时代的"舆人"》，《华南师范大学学报》1995 年第 4 期。
陈建梁：《春秋时期两种军赋性质的检讨》，《中国史研究》1996 年第 4 期。
束有春：《先秦舆人及御夫考述》，《江苏社会科学》1997 年第 5 期。
[日] 石井宏明：《东周王朝研究》，博士学位论文，北京师范大学，1999 年。
周苏平：《春秋"舆人"考辨》，《人文杂志》1999 年第 3 期。
武树臣：《从"以刑统例"到"以罪统刑"：春秋战国时期的法律变革》，《文史知识》1991 年第 2 期。
张景贤：《商周法律是"秘而不宣"吗？——兼论成文法的公布不始于春

秋》，《历史教学》1991 年第 2 期。

夏子贤：《春秋时期新旧势力斗争辨析》，《安徽史学》1991 年第 3 期。

晁福林：《论春秋霸主》，《史学月刊》1991 年第 5 期。

彭邦本：《"执秩之法"与春秋中期晋国的霸业》，《河南大学学报》1992 年第 1 期。

王和：《左传材料来源考》，《中国史研究》1993 年第 2 期。

陈筱芳：《论春秋霸主与诸侯的关系》，《西南民族学院学报》1995 年第 3 期。

杨皑：《春秋战国时代的"舆人"》，《华南师范大学学报》1995 年第 4 期。

晁福林：《春秋时期的鬼神观念及其社会影响》，《历史研究》1995 年第 5 期。

刘奉光：《春秋时代社会思想的变革与反复》，《北京社会科学》1999 年第 1 期。

王易：《论先秦儒家的国家关系伦理思想》，《河北学刊》2000 年第 1 期。

张怀通：《先秦时期的基层组织——丘》，《天津师大学报》2000 年第 1 期。

沈长云：《先秦史研究的百回顾与前瞻》，《历史研究》2000 年第 4 期。

何锡光：《〈左传正义〉释"郑人铸刑书"》，《史学史研究》2000 年第 4 期。

徐祥民：《春秋法制研究》，博士学位论文，山东大学，2000 年。

许倬云：《东周到秦汉：国家形态的发展》，《中国史研究》1986 年第 4 期。

许倬云：《中国古代社会与国家关系的变动》，《文物季刊》1996 年第 2 期。

许倬云：《周代都市的发展与商业的发达》，《"中央研究院"历史语言研究所集刊》第四十八本第二分册。

彭裕商：《西周金文中的"贾"》，《考古》2003 年第 2 期。

成中英：《战国时代儒家思想及其发展（一）》，《"中央"研究院历史语言研究所集刊》第四十本下册。

陈槃：《春秋列国风俗考论》，《"中央"研究院历史语言研究所集刊》第四十七本第四分册。

饶宗颐：《神道思想与理性主义》，《"中央"研究院历史语言研究所集刊》第四十九本第三分册。

方炫琛:《春秋战国时代国君子孙以'公某'为称、为氏探论》,《大陆杂志》第八十三卷第五期。

苏勇:《周代郑国史研究》,博士学位论文,吉林大学,2010年。